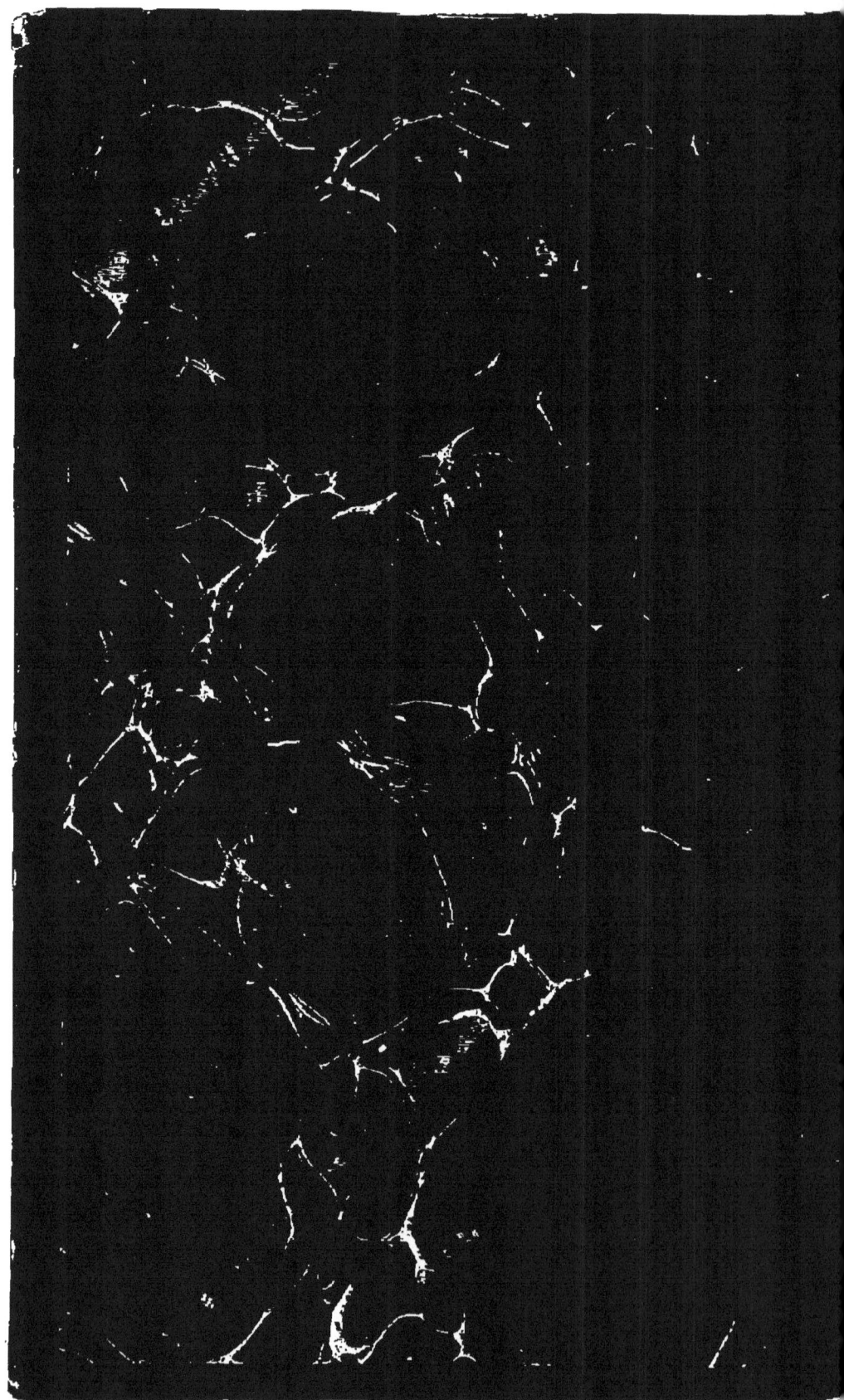

HISTOIRE

DE LA

MODE EN FRANCE.

Déposé aux termes de la loi.

Bruxelles. — Imp. de E. Guyot, succ. de Stapleaux,
rue de Schaerbeck, 12.

COLLECTION HETZEL.

HISTOIRE
DE LA MODE
EN FRANCE

par

ÉM. DE LA BÉDOLLIÈRE.

Édition autorisée pour la Belgique et l'Étranger
interdite pour la France.

BRUXELLES,

MELINE, CANS ET COMPAGNIE,

BOULEVARD DE WATERLOO, 35.

1858

I

S'il fallait complétement justifier notre titre,. nous écririons une histoire de France. Tout, en effet, n'est-il pas de mode chez une nation capricieuse et mobile, qui a changé tant de fois d'idées générales, d'institutions, de forme gouvernementale, de philosophie ou de littérature ?

N'était-ce pas une mode que cet irrésistible mouvement qui poussa nos ancêtres vers la Palestine ? Les discussions théologiques et, par suite, hélas ! les guerres de religion n'ont-elles pas été à la mode ?

1

Le despotisme a été de mode sous Louis XIV, et la liberté, de mode sous Louis XVI.

En littérature, la mode a forcé les châtelains du moyen âge à entendre réciter, avec accompagnement de violon, des chansons de geste, grandes épopées en strophes monorimes ; puis est venue l'ère des fabliaux, des poëmes allégoriques, des contes et des romans en prose. Scarron mit le burlesque à la mode ; après le brillant début de Montesquieu, les libraires, pour se conformer à la mode, disaient aux auteurs : « Faites-nous des *Lettres persanes.* »

Il a été à la mode, sous l'Empire, d'imiter Racine, et, sous le règne de Louis-Philippe, de faire des pastiches dramatiques d'après Victor Hugo.

On était sceptique et voltairien par mode au xviiie siècle ; et bien des gens, au xixe, vont à la messe, entendent des sermons, assistent à des conférences, se font affilier à de pieuses congrégations parce qu'il leur semble de bon ton d'afficher des sentiments religieux.

Le quinquina, la saignée, l'émétique, le magnétisme, l'homœopathie ont été successivement à la mode.

Dans les beaux-arts, dans l'architecture, dans les meubles, dans l'ordonnance des jardins, dans les divertissements, la mode a varié à l'infini.

Le lansquenet, la bassette, le pharaon, l'écarté, le whist, la bouillotte, le poker, le baccarat ont été tour à tour les jeux à la mode.

Les divisions et subdivisions de la mode, ses métamorphoses innombrables, fourniraient aisément la matière de plusieurs volumes; aussi, reculant devant l'immensité du sujet, nous bornerons-nous à le traiter dans sa manifestation la plus saisissante, le costume.

Le type du costume français, nous le chercherons naturellement à Paris. C'est dans la capitale qu'il faut l'étudier, presque dès son origine; c'est là que se créent les ajustements nouveaux qu'adopte non-seulement la France, mais encore l'Europe entière. Paris a le privilége incontesté de décréter la loi somptuaire des nations. Ses modes sont et seront les modes universelles; ce qu'il préconise subsiste; ce qu'il a condamné disparaît. Sans le bon goût et l'inconstance de ses habitants, sans le génie inventif et la dextérité manuelle de ses ouvriers, l'homme pourrait être vêtu, jamais il ne serait habillé. Pour ne pas choquer les yeux par l'étrangeté de vos chapeaux, par le barbarisme de vos habits, il faut que vous ayez préalablement consulté les oracles parisiens; sous peine d'être ridicules ou rétrogrades, **vous**

devez payer votre tribut à la mode, vous y soumet-
tre aveuglément, sans contrôle, sans pouvoir demander raison à personne de cette tyrannie, car le
droit d'imposer la mode appartient à tout homme
et même à toute chose ; longtemps il fut l'apanage
de l'Église et de la monarchie, grandes puis-
sances qui luttaient pour des barbes et des chaussures ; puis il tomba dans le domaine public.

En lisant cet opuscule, si toutefois vous avez
la patience de le lire, vous remarquerez que les
princes, les tailleurs, les événements politiques,
la guerre ou la paix, les pièces nouvelles, les
romans en vogue, les bêtes du jardin des
Plantes, ont donné tour à tour un nom et une
forme spéciale aux ajustements enfantés par une
capricieuse fantaisie.

Toutefois, quoique les produits de ces causes
diverses semblent d'une variété infinie, le type
des costumes ne change guère que tous les
siècles. Depuis les Gaulois jusqu'à la renais-
sance, les vêtements ne sont que des modifica-
tions de la *saie*, de la robe et du manteau. Sous
Louis XI, s'établit la distinction entre le pourpoint et la camisole, entre le haut-de-chausses et
les bas.

Il faut deux cents ans pour que, par des tran-
sitions graduées, on arrive à l'habit, au gilet

et à la culotte courte. Depuis l'année 1789, qui détrôna l'habit carré et la culotte, toutes les variantes du costume masculin ont pour base le frac, la redingote et le pantalon. Le mouvement des modes est comme celui des vagues. L'agitation tumultueuse de la surface des eaux se communique lentement à la masse liquide, et descend en s'affaiblissant au fond du gouffre. Ainsi les modes, nées parmi les riches, pénètrent insensiblement jusqu'aux derniers rangs, mais leur éclat se perd à mesure qu'elles se généralisent. Si elles exercent un puissant empire sur la classe opulente, en revanche elles sont peu de chose pour la classe utile, et la blouse gauloise est encore aujourd'hui le costume journalier de la majorité des Français.

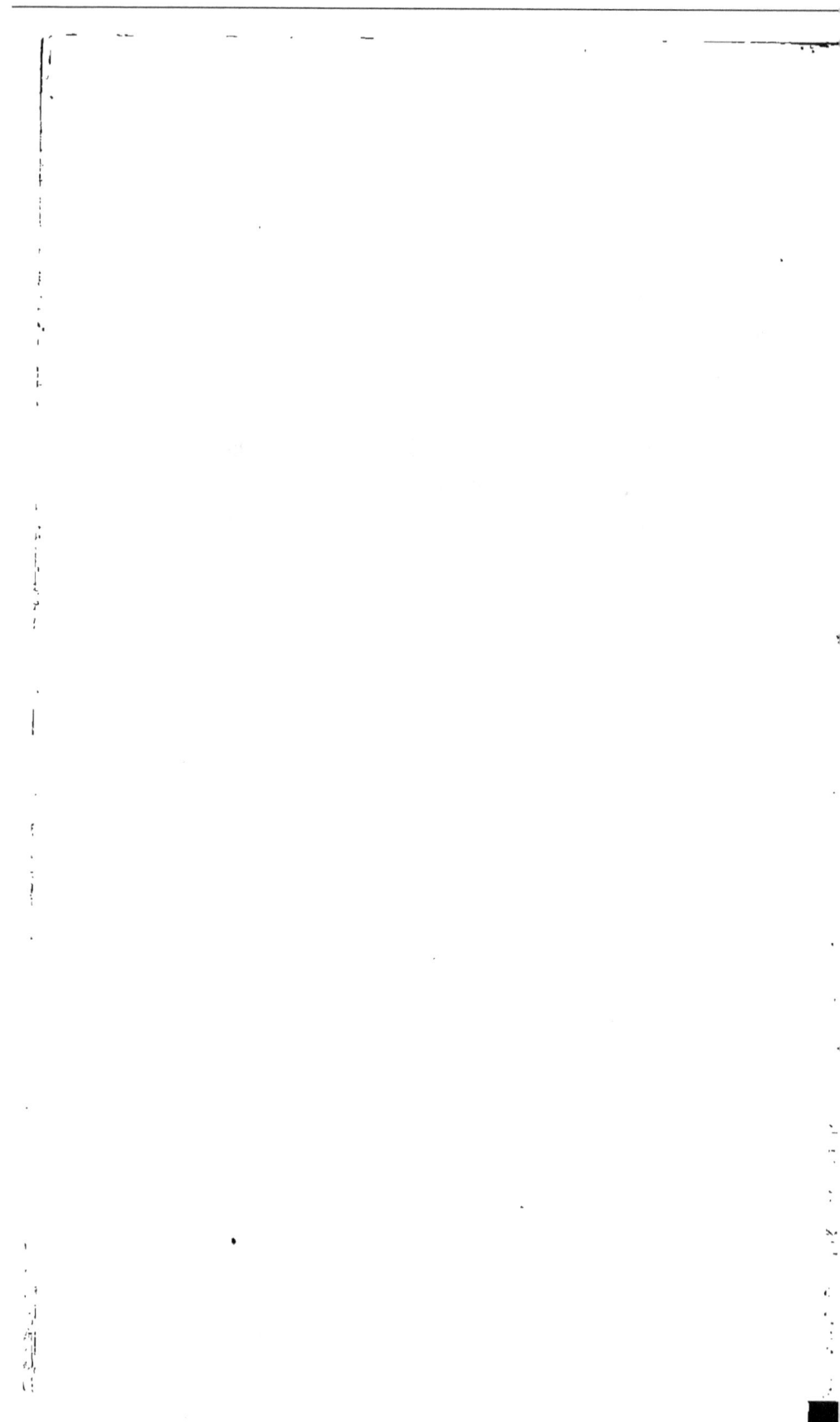

II

Cette blouse ou *sagum* était un pardessus à
larges manches, fendu par devant, fait de velours,
ou de peaux de mouton, de loup ou de blaireau,
cousues avec du crin, le poil en dehors. Il avait
pour complément la chemise (*camisia*) et les
braies (*braccæ*), pantalon serré sur les hanches
avec une ceinture, et sur la cheville avec des
cordons. En hiver, les Gaulois se couvraient
d'un manteau court en peau de chèvre, appelé

rochet (*roccus*), ou d'une casaque à capuchon, qu'on désignait sous le nom bizarre de bardo-cuculle.

Une chemise, une tunique large et plissée, dentelée par le bas, un tablier court et des sandales constituaient l'habillement des Gauloises.

La classe aisée avait adopté le costume romain : la tunique ; la lacerne, manteau de feutre attaché par une agrafe sur la poitrine ou sur l'épaule ; la *pénule*, qui avait un trou central où l'on passait la tête et deux ouvertures latérales pour les bras ; le *pileum*, sorte de calotte de feutre ; le *petasus* à larges bords, le *birrus*, bonnet pointu que les montagnards corses ont conservé sous le nom de *birro*.

Les dames gauloises avaient jusqu'à quatre chemises superposées, recouvertes de la stole, tunique sans manches, serrée sur les flancs par une ceinture, et assujettie sur les épaules par deux agrafes. Un voile appelé *palla* quand il était long, et *mavors* quand il était court, leur couvrait la tête, le buste, et descendait parfois jusqu'aux pieds.

Les Francs avaient aussi leurs modes particulières dont un chroniqueur, Notker le Bègue, nous a laissé la description :

« Les ajustements des anciens Francs étaient des souliers dorés à l'intérieur, attachés avec des courroies de trois coudées; des bandelettes crurales de laine rouge, et, au-dessus, des jambières et des cuissards de toile de la même couleur. Sur la jambe étaient croisées en tous sens de très-longues courroies. Une chemise de toile couvrait le corps. Le surtout était un manteau blanc ou bleu, double et carré, qui tombait sur les pieds par devant et par derrière, et dont les côtés atteignaient à peine les genoux. Ils aimaient à porter à la main une canne de pommier (*baculus de malo*), remarquable par la symétrie de ses nœuds et par les ciselures de sa pomme d'or ou d'argent. »

Tels furent les trois éléments des modes françaises. Ils ne tardèrent pas à se confondre et à se transformer. Les leudes de Clovis gardèrent leurs jambières, qui devinrent plus tard les hauts-de-chausses; mais ils adoptèrent le *colobium*, la tunique romaine. Les femmes prirent la stole romaine, dont elles faisaient passer les bouts du côté droit sur l'épaule gauche. Les cheveux, partagés sur l'occiput, étaient nattés, entremêlés de rubans appelés *stapions,* du mot tudesque *stappel* (guirlande), et tombaient en deux larges tresses, comme ceux des paysannes bernoises.

Pendant toute la première race, la longueur des cheveux indique le rang qu'on occupe dans la hiérarchie sociale ; le souverain les laisse flotter sur ses épaules ; les leudes les coupent par derrière et les tiennent longs sur les tempes ; une légère moustache ombrage leurs lèvres ; le peuple a les cheveux courts et le menton ras.

III

Sous Charlemagne s'introduisit l'usage des
fourrures. On bordait les tuniques et les rochets
de soie et de martre zibeline, d'hermine, de
peaux de loir, de vair, fourrure composée de
peaux d'hermine et de belette découpées en lo-
sanges et cousues ensemble. L'empereur s'opposa
aux progrès du luxe. Ses contemporains nous ont
laissé de magnifiques descriptions de son cos-

tume d'apparat ; mais il se contentait habituelle-
ment d'un garde-corps (*garda-corsium*) de peau
de loutre, d'une tunique de laine, d'une saie bleue,
et de souliers à semelles de bois attachés à la
jambe avec de longues courroies. Il défendit de
payer une saie plus de dix sous, et un rochet
fourré de loutre plus de huit sous : le sou équi-
valait alors à environ deux francs cinquante centimes de notre monnaie. Il proscrivit les manteaux
courts, appelés *putaciola*, dont les fripiers faisaient commerce. « A quoi sont-ils bons ? disait-il ;
au lit, je ne puis m'en couvrir ; à cheval, ils ne
me garantissent ni du vent, ni de la pluie. »
Enfin, dans un autre cas, —ici, nous empruntons
le latin du moine de Saint-Gall, — *ad necessaria
naturæ secedens, tibiarum congelatione deficio.* »

Charlemagne s'était coupé les cheveux ; Hugues
Capet ramena l'ancienne mode, mais le clergé s'en
irrita.

Un concile provoqué, en 1096, par Guillaume,
archevêque de Rouen, statua que ceux qui
conserveraient une longue chevelure seraient
exclus de l'Église pendant leur vie, et qu'on ne
prierait point pour le salut de leur âme. Pierre
Lombard, évêque de Paris, réussit, après d'énergiques remontrances, à décider Louis VII à se
faire couper les cheveux. Le roi Jean reprit la

barbe et les cheveux longs ; mais Charles V se rasa, et la barbe ne reparut en France qu'au XVIe siècle.

Nous croyons pouvoir nous écarter un moment de l'ordre chronologique afin de n'avoir pas à revenir sur ces détails.

En dépit des Capitulaires, le goût des ajustements somptueux se répandit. Les barons, qui accompagnèrent Philippe Ier à la croisade, se présentèrent devant Comnène, dit la chronique d'Albert d'Aix, avec de riches pelleteries et des ornements d'or ou d'argent. Un chroniqueur normand, Orderic Vital, qui écrivait vers 1141, déplore en ces termes le faste de ses contemporains.

« Les bonnes coutumes de nos pères ont été abolies; car leurs habits étaient modestes et proportionnés à leur taille. Par là, ils avaient la liberté de monter à cheval et de faire les exercices du corps que la raison et l'occasion pouvaient exiger. Mais, de nos jours, tout est changé : une jeunesse débauchée adopte la mollesse des femmes, et les courtisans cherchent à plaire au sexe en imitant les vices qui lui sont propres; ils mettent à l'extrémité de leurs pieds des figures de serpents qu'ils admirent en marchant comme quelque chose

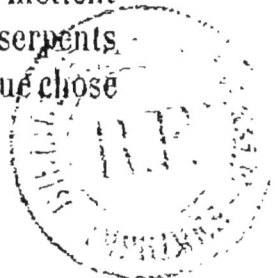

de beau ; ils balayent la poussière avec les longues queues de leurs tuniques et de leurs manteaux ; leurs mains, instruments destinés à servir
le corps avec agilité, sont couvertes de longues
et larges manches qui les empêchent d'agir ; ils
ont la tête rase par devant comme des voleurs, et
par derrière une longue chevelure comme les
femmes. Autrefois, c'était la coutume des péni-
tents, des captifs et des pèlerins de laisser croître
leurs cheveux et leur barbe, et, par là, ils faisaient
connaître leur état ; mais, à présent, parmi tous
les hommes, c'est à qui aura les plus longs cheveux et la plus longue barbe : vous les prendriez
pour des boucs, à la figure, à l'odeur et à la liberté
des mœurs. Ces cheveux qui leur sont si chers,
ils ne se contentent pas de les laisser croître, ils
les frisent, ils les tordent en différentes manières.
Une coiffe leur couvre la tête sans bonnet : à peine
voit-on quelque militaire paraître en public, la
tête découverte et tondue, suivant le précepte de
l'apôtre. Leur habillement et leur démarche font
assez connaître ce qu'ils sont au dedans, et comme
ils observent les lois de la religion. »

On peut remarquer, dans ce curieux passage,
une allusion aux chaussures dites à la poulaine,
dont l'extrémité s'allongeait en pointe droite

ou recourbée, ornée parfois de grotesques figurines.

Tous les historiens supposent que Foulques V, comte d'Anjou, mort en 1142, inventa cette mode bizarre pour cacher la difformité de ses pieds.

C'est une erreur que démontrent des textes positifs.

Le moine Richer, qui vivait à la fin du xe siècle, dit que, de son temps, on ajoutait des becs aux chaussures (*calceamentis rostra componunt*).

Ascelin Adalbéron, évêque de Laon, sacré en 977, raconte qu'un certain Béranger adopta l'usage des souliers à becs recourbés.

Cœpit summa pedum cum tortis tendere rostris.

Voilà Foulques V dûment dépossédé. L'étymologie du mot *poulaine*, telle que la donnent les savants, est également inexacte. Ils prétendent que la poulaine était une sorte de fourrure qui venait de Pologne; mais les souliers à becs recourbés n'étaient pas en fourrures : ils étaient en cuir de Cordoue, comme l'atteste un écrivain du xie siècle, Guibert de Nogent :

Calceorum de Corduba rostra tortilia.

Poulaine veut dire simplement la poulaine ou la proue d'un navire, en latin *rostrum*. Comparez l'avant des anciens vaisseaux avec les souliers dits à la poulaine, et vous ne saurez en méconnaître l'identité.

La mode des poulaines ne devint générale qu'au XIVᵉ siècle; celle des fourrures était en grande vogue sous Philippe-Auguste. Il défendit, en 1188, aux chevaliers de porter des fourrures de vair, de petit-gris, de martre zibeline, et des étoffes écarlates. On voit, par un compte de sa maison, en l'an 1202, qu'il s'affranchissait lui-même de la loi qu'il imposait.

On y lit :

« Le *sarrot* du roi, fourré de menu vair, soixante sous; la robe d'écarlate qu'il porta à Pâques, seize livres et demie; son chapel fourré de gris, quatre sous; la fourrure de son manteau et de son capuce pluvial, six francs; ses tuniques, quinze sous chacune; la robe et le manteau fourré qu'eut la reine à la Saint-Remi, vingt-huit livres moins trois sous; l'habillement d'une dame de palais, huit livres; l'habillement des chambrières, cinquante-huit sous chacun; l'habit d'un page, tunique, sous-tunique, peaux et chaussure, cent sept sous. »

Philippe-Auguste ne donnant pas lui-même l'exemple de la simplicité dans les ajustements, le luxe progressa en dépit de ses prohibitions.

« Chevaliers, citadins, habitants des champs, dit son contemporain Guillaume le Breton, tous brillent sous l'écarlate. On ne porte que des vêtements de vair, de lin très-fin ou de pourpre. Le paysan, tout resplendissant sous les ornements impériaux, s'étonne de lui-même et ose se comparer au roi souverain. L'habit change tellement son cœur, qu'il pense que l'homme même change avec son costume. Ce n'est pas assez pour chacun de briller d'autant d'éclat que ses compagnons, il cherche à se distinguer des autres par quelque ornement. »

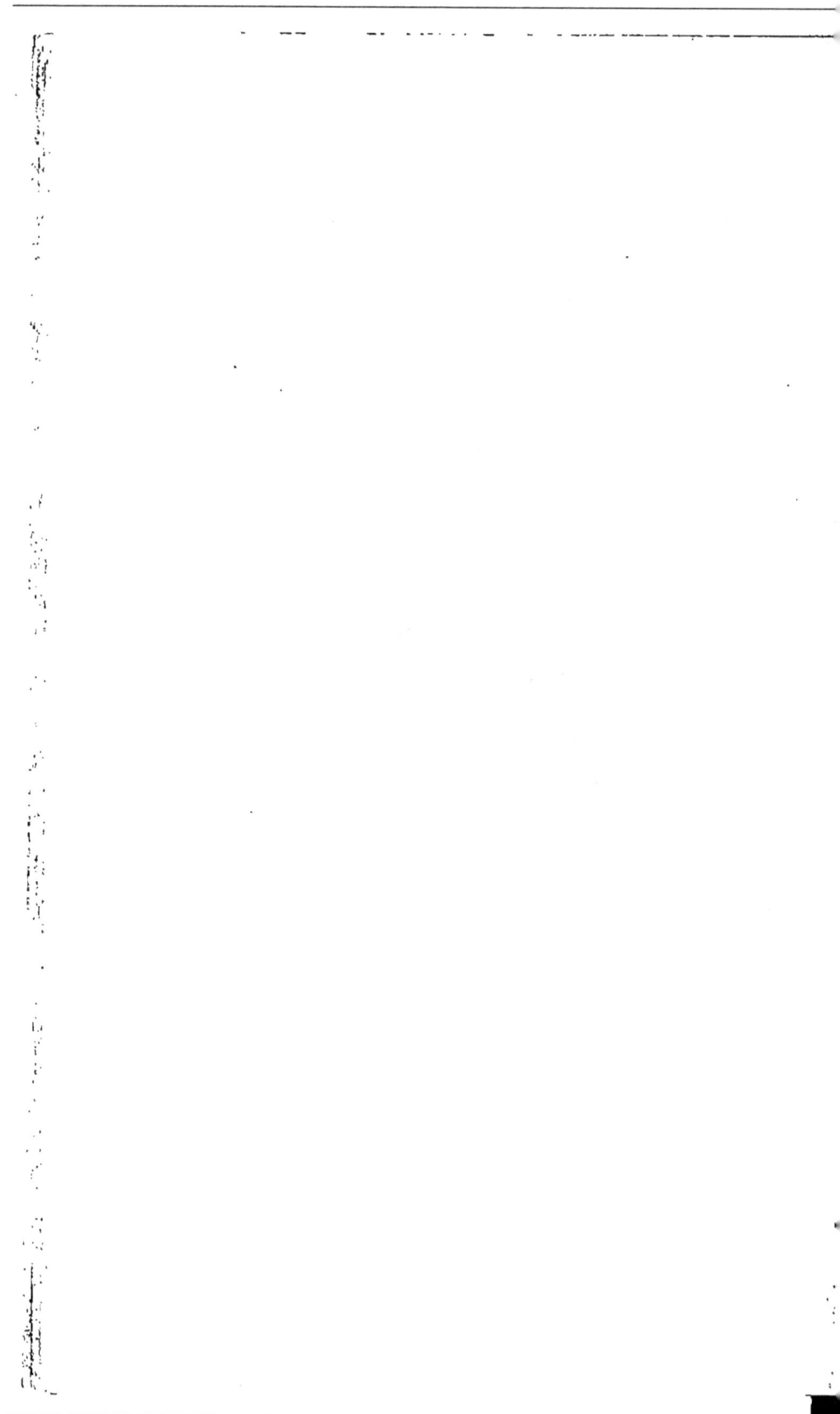

IV

— Nomenclature des étoffes au xiiie siècle. — Cottes,
gonnes et gonnelles. — Garnache. — Cotte-hardie.
— Huque. — Siglaton. — Port d'armes. — Coiffures et chaussures. —

Les rapports de l'Europe avec l'Orient, l'exten-
sion des relations commerciales, multiplièrent les
étoffes et les métaux précieux. Nous voyons figu-
rer, dans les documents des xiie et xiiie siècles :

Le cendal,
Le samit,
Le pers,
Le camelin ou camelot,

Le barracan,

L'isambrun,

Le velours,

Le molequin,

La brunette,

La bonnette,

La serge,

L'étamine,

Le galebrun.

Le cendal était ce que nous appelons aujourd'hui le taffetas. La fameuse bannière de Saint-Denis, le drapeau national, était de cendal, comme le prouvent ces vers de la chronique de Guillaume Godart :

> Oriflamme est une bannière
> Aucun poi plus forte que guimple,
> De cendal roujoiant et simple,
> Sans pourtraiture d'autre affaire.

Le samit devait être une variété du cendal, puisque la chronique des Flandres dit que l'oriflamme était d'un samit vermeil; le pers était un drap d'un bleu foncé; le camelin, une étoffe fabriquée avec des poils de chameau; le barracan, une variété du camelin, — ainsi nommé, peut-être, parce que les lisses en affectaient la forme

de barres ; — l'isambrun, un drap teint en brun ;
le molequin, une étoffe de lin ; la brunette, une
étoffe de laine teinte en brun ; la bonnette, un
drap vert ; le galebrun, un drap de couleur
brune.

On taillait dans ces étoffes des robes, cottes,
gonnes ou gonnelles, sur lesquelles se plaçaient
les surcots, communs aux deux sexes. Geoffroy,
prieur du Vigeois, nous apprend, dans sa chronique,
qui va jusqu'à l'année 1142, qu'à cette époque,
les laïques empruntèrent aux moines un vêtement
ample, fendu sur un côté, sans manches, qu'ils
appelèrent *garnache*. (*Novissimè usi sunt amplâ
quâdam veste, instar monachi, sine manicis,
quod Franci vocarunt garnacham.*) La cotte-
hardie, qui parut vers la même époque, était une
espèce de robe à manches larges et à queue traînante, ordinairement faite de drap de Bruxelles,
de drap de Louvain ou de fin camelin de Châ-
teau-Landon. La huque, huyke ou houppelande,
était une pièce d'étoffe triangulaire, percée au
centre d'un trou par lequel on passait la tête, et
dont les extrémités étaient réunies par une
patte.

Il est souvent question du siglaton dans les romans ou chansons de geste. Le célèbre poëme de
Theroulde raconte que le traître Ganelon livra

Roland au roi païen Marsille, moyennant de grands dons en or, en argent, en manteaux et en siglatons.

> Guenes li fels en ad fait traisum,
> Del rei païen en ad reçu granz donz,
> Or e argent, palies et ciclatonz.

On lit dans le roman de *Girard de Vienne :*

> Derrière l'arson consui l'aragon,
> Tranche le fautre du vermeil ciglaton,
> Et par mi coupe le bau destrier gascon.

Le siglaton était un manteau rond, en étoffe de soie, orné d'une bordure de pourpre ou d'or. Les meilleurs siglatons se fabriquaient à Lucques en Italie.

La robe était souvent serrée par une ceinture à laquelle pendait une *aumônière sarrasinoise*. Tous les habillements étaient ornés de riches fourrures de belette, de menu vair, de petit-gris ou belette de Moscovie, d'agneau noir d'Aragon, de martre zibeline, qu'on *engoulait* quelquefois, c'est-à-dire qu'on teignait de la couleur rouge appelée *gueules*, témoin ce passage du poëme intitulé le *Miserere des reclus de Molliens* :

> Ne gardent mie cha seignour,
> Qui tant ont draps outre raison.
> Cotte, surcot, blanchet, plichon,
> Houches, manteaus, chappes fourrées
> De sebelines engoulées.

Il paraît qu'il n'était pas à la mode de porter des armes en temps de paix. Nous en trouvons une preuve concluante dans les registres des grands jours de Troyes. En 1285, un certain Guidon de Viry, chevalier, menacé par des malfaiteurs, demande à la cour de Champagne l'autorisation de porter des armes pour sa défense personnelle. *Ut detur ei licentia portandi arma ad sui tutionem.* Une enquête est ouverte ; le bailli de Troyes reçoit l'ordre de rechercher si ledit Guidon a de justes motifs de demander et de porter des armes, et contre tels qui ne soient pas de la juridiction du comte de Champagne. Il est enjoint au bailli, si le résultat de l'enquête est favorable, d'accorder au requérant la permission de porter des armes pour sa défense. (*Injunctum est ballivo Trecensi quod sciat si habeat dictus Guido justam*

*causam petendi et portandi arma, et contrà
tales qui non sint de juridictione comitis Cam-
paniæ; et si ita invenerit, det illi licentiam
arma portandi ad sui tutionem.)*

Les coiffures étaient très-variées. La plus
vulgaire était le chaperon, dont la queue pen-
dante se rejetait sur l'épaule, et qui prenait le
nom d'aumusse quand il était fourré. On faisait
des chapeaux de coton, de soie, de feutre; on
les ornait d'or ou d'étain doré, après les avoir
argentés préalablement; on les recouvrait parfois
de plumes de paon, de fleurs naturelles ou
d'une broderie d'or et de perles nommée *orfroy*, dont parle le *Roman de la rose* :

> Et un chapeau d'orfroy eut neuf,
> Le plus beau fut de dix et neuf.
> Jamais nul jour vu ne n'avoye
> Chapeau si bien ouvré de soye.

Pour chaussures, on avait au XIIIᵉ siècle :

Les houses ou houseaux, grandes bottes que
la chronique de Mathieu Paris signale comme
étant, en 1247, une chaussure exclusivement
militaire;

Les estivaux, bottes d'été, faites de velours;

Les poulaines;

Les souliers à boucles de laiton ;

Les escarpins, qui furent d'abord des espèces de pantoufles. Ils sont mentionnés dans le roman de *Garin le Lohérain.*

> Tote dolente hors de sa chambre issit,
> Désafublie, chauciée en escharpins,
> Sur ses espaules li gisoient li crins.

Les femmes commençaient, au XIIIᵉ siècle, à blasonner leurs robes, justes et montantes, à droite de l'écusson de leur mari, à gauche des armes de leur famille. Elles fendaient leurs manches depuis le coude jusqu'au poignet, d'où pendait un lambeau d'étoffe. Elles conservèrent, en l'embellissant, le voile exigé par les décrets ecclésiastiques; car le concile de Salisbury, tenu en 1217, défendait aux prêtres d'entendre en confession une femme non voilée. Leurs cheveux étaient partagés au milieu du front, et la raie se nommait une grève.

Un chevalier pèlerin, Geoffroy de Rançon, outragé par le comte de la Marche, avait juré qu'il ne se ferait pas couper les cheveux et qu'il porterait grève comme les femmes, tant qu'il ne se serait pas vengé, ou par lui ou par autrui. Lorsque, après la bataille de Taillebourg, il vit le malheureux comte agenouillé devant le roi avec sa femme et ses enfants, qui criaient merci, Geoffroy de Rançon se plaça sur son tréteau, et se fit ôter la grève et couper les cheveux en présence du roi et de toute la cour.

V

— Costume de Louis IX. — Robert de Sorbon et
le sire de Joinville. — Métiers relatifs à la mode.
-- Ordonnance de 1294. —

Louis IX formulait ainsi ses doctrines en
matière de mode :

« Vous vous devez bien vêtir et nettement,
pour ce que vos femmes vous en ameront mieux,
et votre gent vous en priseront plus ; car, dit le
sage, on se doit assemer en robes et en armes
en telle manière, que les prudhommes de ce
siècle ne disent qu'on en fasse trop, ne les

jeunes gens de ce siècle ne disent qu'on en fasse prou. »

Il fut assez fastueux dans sa jeunesse. Il avait des atours brodés à ses armes qui lui coûtèrent huit cents livres parisis. A la cour plénière qu'il tint à Saumur, en 1241, il avait une cotte de samit ynde, un surcot et mantel de samit vermeil fourré d'hermine, et un chapel de coton.

A la même fête, le roi de Navarre était en manteau de samit, avec un chapel d'or. Derrière les seigneurs de Beaujeu, de Coucy et de Bourbon, se tenaient trente chevaliers en cottes de drap de soie, et une foule de sergents vêtus de cottes aux armes du comte de Poitiers, battues sur cendal.

A partir de 1248, après s'être croisé, Louis IX cessa de porter l'écarlate, le gris, le vair et même la brunette. Ses robes étaient de camelin ou de pers, ses fourrures de gamites ou jambes de lièvres. Quand il donnait audience aux solliciteurs, en son jardin de Paris, il avait un chapeau de paon blanc sur la tête, une cotte de camelot, un surcot de tiretaine sans manches, et un mantel de cendal noir.

Robert de Sorbon, fondateur de la Sorbonne,

se trouvait un jour à Corbeil, où le roi s'était rendu pour donner cérémonieusement l'accolade à quatre-vingts chevaliers. Comme le sire de Joinville, paré d'un manteau fourni de vair, descendait de la chapelle au préau, le grave docteur l'accoste et lui dit :

— Permettez-moi de vous adresser une question. Si le roi s'était assis à ce préau, et si vous alliez vous asseoir sur un banc plus haut que lui, ne vous en devrait-on pas bien blâmer?

— Sans doute, répond le sénéchal de Champagne.

— Vous êtes donc blâmable d'être plus noblement vêtu que le roi; car vous portez du vair et le roi n'en porte pas.

— Maître Robert, dit le sire de Joinville, sauve votre grâce, je ne suis pas à blâmer si je porte du vair, car mon père et ma mère me laissèrent cet habit. C'est vous qui êtes en faute, puisque, étant fils de vilain et de vilaine, vous avez laissé l'habit de votre père, et portez de plus riche camelin que le roi.

« Et lors, ajoute Joinville, qui raconte cette anecdote, je pris le pan de son surcot et du surcot du roy, et li diz : « Or, esgardez se je « diz voir. » Et lors, le roy entreprist à deffendre mestre Robert de paroles, de tout son pooir. »

C'était un temps de piété, d'ascétisme, de macération ; mais les aspirations spirituelles s'accommodaient parfaitement avec la recherche dans les habits.

La mode occupait un nombre considérable d'ouvriers :

Les drapiers ou tisserands de langes ;

Les tailleurs de robes ;

Les dorlotiers ou rubaniers ;

Les crespiniers de fil ou de soie, qui fabriquaient des franges ;

Les chavenaciers, qui tissaient la grosse toile de chanvre appelée canevas ;

Les pierriers ou joailliers ;

Les orfévres ;

Les batteurs d'or et d'argent ;

Les fileresses de soie à grands fuseaux ;

Les fileresses de soie à petits fuseaux ;

Les teinturiers ;

Les fondeurs de boucles et d'agrafes ;

Les fourreurs ;

Les boutonniers d'archal, de cuivre ou de laiton ;

Les gantiers, qui employaient dans leur fabrication la basane, le vair, le gris, la peau de cerf;

Les chapeliers de feutre;

Les tisserandes de couvre-chefs de soie ;

Les chapeliers de fleurs ;

Les faiseresses de chapeaux d'orfroy ;

Les chapeliers de coton;

Les chapeliers de paon;

Les chaussiers . fabricants de chausses en drap, en toile ou en soie;

Les baudroyeurs ou corroyeurs ;

Les cordouaniers, etc.

Philippe le Bel, en 1294, lança contre le luxe toujours croissant une ordonnance que nous croyons devoir reproduire *in extenso*, tant parce qu'elle est peu connue, que parce que c'est un précieux monument de l'histoire somptuaire. Cette ordonnance concerne, non-seulement les ajustements, mais encore la table, et renferme des prescriptions pour tous les rangs.

«Nul bourgeois ne bourgeoise ne portera vair, ne gris, ne hermines, et se délivreront de ceux qu'ils ont de Pasques prochaines en un an, et ne porteront ni pourront porter or, ne pierres précieuses, ne ceintures d'or, ne à perles.

» *Item*, nul clerc, s'il n'est prélat, ou estably en personnage, ou en dignité, ne pourra porter vair, ne gris, ne hermines, fors en leurs chaperons tant seulement.

» *Item*, les ducs, les comtes, les barons de six mille livres de rente, ou de plus, pourront faire faire quatre paires de robbes par an, et non plus, et à leurs femmes autant.

» Tous prélats auront tant seulement deux paires de robbes par an.

» Tous chevaliers n'auront que deux paires de robbes tant seulement, ne par don, ne par achept, ne par autre manière.

» Le chevalier qui aura trois mille livres de rente, ou plus, et bannière, pourra avoir trois paires de robbes par an, et non plus, et faire l'une de ses trois paires de robbes pour esté.

» Nul escuyer n'aura que deux paires de robbes par don, ne par achept, ne en nulle autre manière.

» Garçons n'auront qu'une paire de robbes par an.

» Nulle damoiselle, s'elle n'est chastelaine ou dame de deux mille livres de rente, ou de plus, n'aura qu'une paire de robbes par an, et s'elle l'est, en aura deux paires, et non plus.

» Nul bourgeois, ne bourgeoise, ne escuyer, ne clerc, s'il n'est en prélation, ou en personnage, ou en greigneur estat, n'aura torche de cire.

» Nul ne donra au grand manger que deux mets, et un potage au lard sans fraude, et au petit manger un mets et un entremets ; et, s'il est jeune, il pourra donner deux potages aux harens et deux mets, et ne mettra en une escuelle qu'une manière de chair, une pièce tant seulement, et une manière de poisson ; et n'y fera autre fraude. Et sera contée grosse chair pour mets, et n'entendons pas que formage soit mets, s'il n'est en paste, ou cuit à l'eau.

» Il est ordonné par déclaration de ce que dessus est dit des robbes, que nuls prélats, ou barons, tant soient grands, ne puissent avoir robbe pour leur corps de plus de vingt-cinq sols tournois l'aune de Paris.

» Les femmes de barons de même.

» Les comtes, les barons ne pourront donner robbes à leurs compagnons de plus de dix-huit sols l'aune de Paris.

» Les bannerets et les chastelains ne pourront avoir robbes pour leurs corps de plus de dix-huit sols l'aune de Paris, et leurs femmes de même, et leurs compagnons de quinze sols l'aune.

» Les escuyers, fils de barons, bannerets et chastelains ne pourront avoir robbes de plus grand prix que de quinze sols l'aune de Paris.

3

» Prélats, comtes, bannerets et chastelains ne donneront robbes à leurs escuyers de plus de sept ou de huit sols tournois l'aune de Paris.

» Les autres escuyers qui ne sont en mesnage, et se vestent de leur propre, ne pourront faire robbes de plus de dix sols l'aune.

» Clercs qui font robbes du leur ne pourront faire robbes de plus de douze sols six deniers tournois l'aune, et, s'ils sont chanoines d'église cathédrale, de quinze sols, et non plus.

» Bourgeois qui auront la valeur de deux mille livres tournois, et au-dessus, ne pourront faire robbes de plus de douze sols neuf deniers l'aune de Paris, et leurs femmes de seize sols au plus.

» Et sont ces ordonnances commandées à garder aux ducs, aux comtes, aux barons, aux prélats, aux clercs, et à toutes manières de gens qui sont en la foy; sur celle foy qu'ils luy sont tenus, en telle manière que les ducs, les comtes, les barons et les prélats qui feront contre ceste ordonnance payeront cent livres tournois pour peine; et sont tenus faire garder cet establissement à leurs subjets en quelque estat qu'ils soient, et en telle manière que, si aucun banneret fait encontre, il payera cinquante livres tournois, et les chevaliers ou les vassaux vingt-cinq livres; les doyens, les archidiacres, les prieurs et les autres clercs qui ont dignitez vingt-cinq livres tournois. Et si des autres laïs, qui contre ce feraient, en quelque estat qu'ils soient, l'un ait vaillant mille livres parisis, payera vingt-cinq livres, et, s'il a moins vaillant, payera cent sols tournois ; et les autres clercs qui sont sans dignitez et ne sont de personnage, faisans contre la présente ordonnance, payeront cent sols tournois, ainsi que les autres, et les amendes de toutes manières de gens laïs qui pour ceste achoison de ces establissement seront louées, seront aux seigneurs en qui terre et en seigneurie les forfaits seront faits, soient les seigneurs, clercs ou laïs. Et les amendes des clercs seront à leurs prélats ou à leur souverain et en telle manière que cil par qui le forfait viendra à la cognoissance du seigneur aura le tiers de l'amende ; et s'il advenoit qu'aucuns clercs ou laïs de quelque condition qu'ils soient, à cause qu'ils eussent fait contre ceste ordonnance, et ils s'en vouloient purger par serment en la manière que chacun a accoustumé de jurer, ils en seront creus, et seront quittes de la peine, et se purgera soit clerc, soit laï, qui de ceste chose se voudra purger, devant son souverain seigneur.

» Ce fut fait et ordonné à Paris l'an de grâce mil deux cens quatre vingt quatorze. »

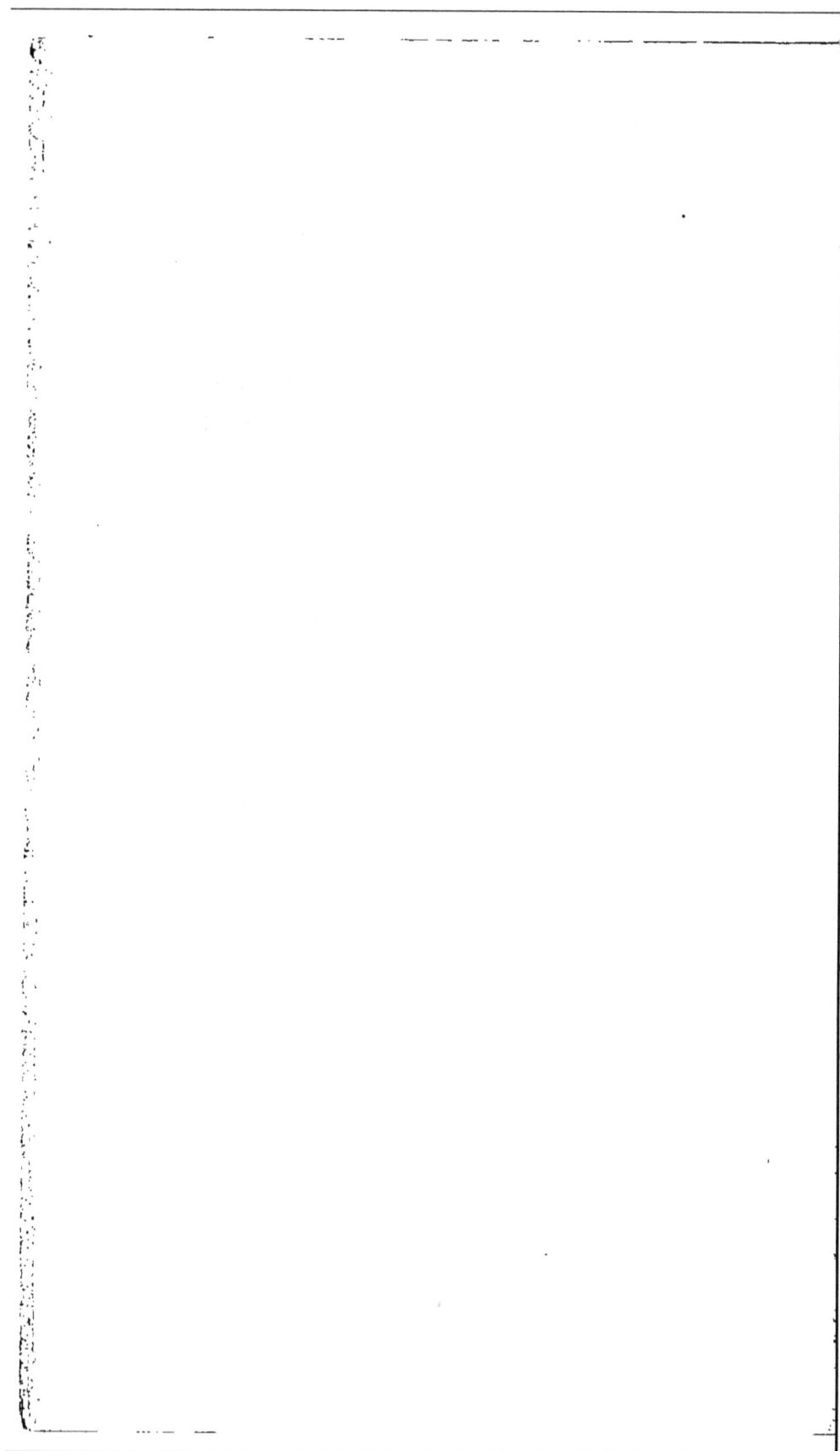

VI

Cette loi ne fut pas mieux observée que les
précédentes.

Au xive siècle, les seigneurs et les bourgeois
aisés ornaient leurs chaperons de perles et de

plumes ; de lourdes chaînes d'or pendaient à leur cou ; des pierreries étaient incrustées dans les fermoirs d'or de leurs manteaux, d'une richesse et d'une longueur proportionnées à leur dignité. Ils avaient des *peliçons* ou fourrures, des houppelandes à longues manches, appelées *mouffles,* des *chapeaux à bec,* et des parures multicolores.

Quand l'empereur Charles IV vint à Paris, en 1377, le prévôt des marchands et les échevins allèrent à sa rencontre avec plus de quinze cents bourgeois vêtus de robes mi-parties de blanc et violet. Après eux, le roi sortit de Paris avec ses gardes, coiffé d'un chapeau à bec bordé de perles, vêtu d'une *cotte-hardie* d'écarlate vermeille et d'un manteau chamarré de fleurs de lis d'or. Suivaient tous les courtisans, en habits mi-partis de leurs livrées. Les écuyers de cuisines eux-mêmes portaient des houppelandes de soie et des aumusses fourrées.

Les poulaines avaient pris d'immenses proportions, malgré l'éloquence de vingt prédicateurs qui les qualifiaient de péché contre nature et d'outrage fait au Créateur. Les statuts de l'ordre de la Couronne d'épines enjoignaient vainement à ses membres d'avoir « des souliers de noir cuir, voire sans aucune poulaine quelconque, de Dieu maudite. » Vainement les conciles défendaient aux clercs de porter des habits courts, des capuces boutonnées et des souliers à la poulaine.

Enfin, le pape Urbain IV excommunia quiconque conserverait ces bizarres chaussures, et une ordonnance de Charles V, en date de 1365, en défendit la fabrication, l'usage et la vente.

Le surcot, en se raccourcissant, devint le pourpoint, qu'on appela d'abord gambaison, gaubisson ou laine gambaisée, parce qu'il était gamboisé (rembourré) de laine piquée, afin de pouvoir tenir lieu de cuirasse. La jaque, pourpoint à basques, dont on recouvrait le haubert, fut le point de départ de l'habit moderne. De même, la culotte eut pour origine les hauts-de-chausses, qui vinrent eux-mêmes des trousses ou grègues, sous lesquelles on cachait le haut des chausses.

La mode des habits mi-partis se maintint longtemps.

« Le 17 d'octobre 1409, dit le *Journal de Paris* sous Charles V, le sire de Montaigu fut conduit du Châtelet aux halles, haut assis dans une charrette, vêtu de sa livrée, à sçavoir d'une houppelande mi-partie de rouge et de

blanc, le chaperon de même, des éperons dorés,
les mains liées, deux trompettes devant lui ; et
après qu'on lui eut coupé la tête, son corps fut
porté au gibet de Paris, et y fut pendu au
plus haut, en chemise, avec ses chausses et ses
éperons dorés. »

Les femmes n'étaient point restées en ar-
rière.

La reine Jehanne de Bourbon, femme de
Charles V, au témoignage de Christine de Pisan,
« estoit vestue d'habits royaux larges et flottants,
en sambues pontificales, qu'ils appellent *chappes*
ou manteaux de drap d'or ou de soye couverts
de pierreries.

Les baronnes avaient « d'*oultrageuses poulaines*, des pendants d'oreilles, et sembloient
cousues en leurs robes trop estraintes. »

Isabeau de Bavière leur apprit à se décou-
vrir le cou et les épaules, et à relever ou *re-
brasser* leurs collets, suivant l'expression du
poëte Villon. »

Les surcots étaient de dimensions démesurées.
Christine de Pisan raconte qu'un taillandier des
robes de Paris fit pour une dame de Gâtinais
une cotte-hardie dans laquelle il entra cinq
aunes de drap de Bruxelles à la grande mesure,

la queue traînant à terre de trois quartiers, et les manches descendant jusqu'aux pieds.

« Il me vint, dit le roman d'*Ermine de Reims*, deux femmes portant surcots plus longs qu'elles n'étoient, environ une aune; et il falloit qu'elles portassent à leurs bras ce qui estoit bas, ou traînant jusqu'à terre, et avoient aussi poignets en leurs surcots pendant aux coudes, et leur gorge troussée en haut. »

Ces longues manches, dites à bombardes, se découpoient en dents de loup ou en feuilles de chêne.

On avait quitté les voiles pour les cornettes, espèces de coiffes ou béguins, qui dégénérèrent en hennins, édifices de toile qu'on retrouve encore aujourd'hui sur la tête des Cauchoises.

« Les dames et demoiselles, selon Juvénal des Ursins, faisoient grand excès en états, et portoient des cornes merveilleusement hautes et larges, ayant de chaque côté deux grandes oreilles si larges, que, quand elles vouloient passer par un huis, il leur étoit impossible d'y passer. »

Le clergé ayant prêché une croisade contre

les hennins, ¡Thomas Connecte, carme breton, se mit en campagne pour les combattre.

« Et partout où il alloit, rapporte Paradin, ces coiffures n'osoient paraître. Les dames faisoient comme les limaçons, lesquels, quand ils entendent quelque bruit, retirent et resserrent tout bellement leurs cornes, mais, le bruit passé, soudain les relèvent plus que devant : ainsi les dames, car les hennins ne furent jamais plus pompeux qu'après le partement de frère Thomas Connecte. »

Les extravagances de la mode nécessitèrent de nouvelles lois somptuaires. Les bourgeois de Paris remontrent à Charles VII, en 1437, « que de toutes les nations de la terre habitable, il n'y en a point de si difformée, variable, outrageuse, excessive, inconstante en vêtements et habits que la nation françoise ; en sorte qu'on ne connoît l'état des gens, soit princes, nobles hommes, bourgeois, marchands et artisans ; parce qu'on tolère à chacun de se vêtir et habiller à son plaisir, fût homme ou femme, de drap d'or, d'argent ou de soie. »

Là-dessus fut promulguée une ordonnance aussi infructueuse que les autres.

Charles VII donnait, d'ailleurs, l'exemple du faste.

Lorsque, en 1449, il entra dans la ville de Rouen, conquise par Dunois, il avait la tête couverte d'un *chapel de bièvre* (chapeau de castor), doublé de velours vermeil, et surmonté d'une houppe de fil d'or ; il montait un palefroi caparaçonné d'une housse de velours bleu, semée de fleurs de lis d'or, et dont le chanfrein était rehaussé de plaques d'or massif et de plumes d'autruche.

Louis XI dédaigna ces coûteuses magnifi-cences.

« Il ne tenoit compte, dit Philippe de Comines, de soi vestir ne parer richement, et se mettoit si mal que pis ne pouvoit. »

Lors de son entrevue avec Henri IV, roi de Castille, en 1463, sa camisole étroite, attachée avec des aiguillettes, son bonnet gras, son pourpoint de futaine, son haut-de-chausses étriqué, contrastaient avec les habits dorés du prince espagnol.

Il gardait le même chapeau pendant plusieurs années, et l'on trouve dans ses livres de comptes :

« Trente sous payés au tailleur pour avoir
mis deux manches de futaine neuve à un vieux
pourpoint de cuir ; quinze sous payés au cordon-
nier pour une boîte de vieux oint, propre à
graisser les houseaulx. »

Ce fut pourtant sous son règne que la bour-
geoisie, qu'il protégeait au détriment de la noblesse féodale, rivalisa le plus avec l'aristocratie
par ses prétentions, son luxe et ses folles dépenses.

Un auteur du temps, Guillaume Coquillart,
a signalé cette tendance dans son poëme des
Droits nouveaulx :

En Paris, y en a beaucoup,
Qui n'ont n'argent, vergier, ne terre,
Que vous jugeriez chascun coup
Alliés aux grands chefs de guerre.
Ils se dient issus d'Angleterre,
D'un comte, d'un baron d'Anjou,
Parens aux sénéchaux d'Auxerre,
Ou aux châtelains de Poitou,
Combien qu'ils soient saillis d'un trou,
De la cliquette d'un meunier,
Voire ou de la lignée d'un chou,
Enfants à quelque jardinier.

Ainsi hausser sans épargner,
Cuider sans avoir, ne sagesse,
J'appelle cela présumer.
Une simple huissière, ou clergesse,
Aujourd'hui se présumera
Autant ou plus qu'une duchesse ;
Heureux est qui en finira !
Une simple bourgeoise aura
Rubis, diamants et joyaux,
Et Dieu sait si elle parlera
Gravement en termes nouveaux,
Afin d'étonner pauvres veaux !

Les élégants s'élargissaient alors les épaules avec des coussinets appelés mahoîtres, et garnissaient de rubans leur braguettes. Par-dessus leur pourpoint, ils jetaient un tabart, manteau rond, à manches, qui tantôt ne descendait qu'aux hanches, tantôt traînait sur les talons.

Le poëte Villon, dans son *Grand Testament*, daté de 1461, dispose de la moitié d'un manteau de ce genre, en faveur de trois orphelins, afin qu'ils puissent se régaler de flans :

Mon long tabart en deux je fends.
Si veux que la moitié s'en vende,
Pour leur en acheter des flans,
Car jeunesse est un peu friande.

On commença, sous Louis XI, à fabriquer des perruques, dont les philologues font dériver le nom du celtique *barruch* (chevelure élevée). Le mot perruque désignait, en effet, des cheveux longs, abondants et ébouriffés ; et, pour l'appliquer à des postiches, on lui accola d'abord une épithète : *fausse perruque, perruque feinte.*

Guillaume Coquillart a rimé, en vers de huit syllabes, le *Monologue des perruques,* dont il attribue l'invention aux Italiens :

> Les aultres, par folz appétitz,
> De la queue d'un cheval paincte,
> Quand leurs cheveux sont trop petitz,
> Ils ont une perruque faincte.
>
> Ainsi que Lombards et Romains,
> Ils portent ungz cheveux de laine,
> Tous propres, peignés et bien paingz
> Pour jouer une Magdelaine.

Un prédicateur strasbourgeois, Geiler de Kaiserberg, dans un sermon de la nef des fous (*die Narrenschiff*), raconte la mésaventure d'une Parisienne, à laquelle, pendant une procession, un singe arracha en même temps son voile et sa perruque.

Olivier Maillard, qui prêchait à Saint-Jean en

Grève, l'an 1464, déclame aussi contre les perruques. Il reproche aux femmes du xve siècle le luxe et l'indécence de leur toilette en termes qu'on aurait trouvés trop énergiques, s'il ne s'était servi de la langue qui a, suivant Boileau, le privilége de braver l'honnêteté.

Et vos, domicellæ, quæ habetis tunicas apertas, numquid mariti vestri sunt cornuti? Vos, juvenes mulieres, aperitis pectora vestra ad ostendendum mamillas!

Les *fringantes* du temps de Louis XI rivalisèrent de recherche avec les *mignons*, les *fringueraux* et les *perruquiaux*. Elles prodiguèrent les rubans et les aiguillettes sur toutes les parties de leur ajustement; elles eurent des corsets de soie séparés de la jupe, des chaperons rouges, des robes de satin de Florence, fourrées de putois en hiver, fendues par devant, et des chaussures qui les grandissaient. Coquillart dit, dans ses *Droits nouveaulx* :

Nos mignonnes sont si trèshaultes,
Que, pour sembler grandes et belles,
Elles portent pantoufles haultes
    A vingt et quatre semelles.

Les épingles étaient déjà connues depuis longtemps ; car on lit dans le *Journal d'un bourgeois
de Paris*, qu'en l'an 1426, on décapita pour
conspiration Jehan Porquin, marchand de laiton
et épinglier ; mais ce fut seulement au xvi⁰
siècle qu'elles remplacèrent absolument les bro-
chettes de bois ou d'ivoire.

Le cordelier Michel Menot parle des épingles
dans un sermon prononcé en 1508.

« O mesdames, qui faites les délicates, qui
souvent manquez de venir entendre les paroles
de Dieu, quoique vous n'ayez, pour entrer dans
l'église que le ruisseau à passer, je suis certain
qu'on mettroit moins de temps à nettoyer une
écurie où il y auroit quarante-quatre chevaux,
que vous n'en mettez pour attacher vos épingles ! »

Dans le *Dialogue de deux amoureux*, que
Clément Marot composa en 1514, l'un d'eux
décrit en ces termes le costume de sa maîtresse :

Elle vous avoit un corset,
D'un fin bleu lassé d'un lasset
Jaune, qu'elle avoit fait exprès.
Elle vous avoit puis après,

Mancherons d'eccarlate verte,
Robbe de pers large et ouverte
(J'entens à l'endroit des tetins),
Chausses noires, petits patins,
Linge blanc, ceinture houppée,
Le chapperon fait en poupée,
Les cheveux en passe-fillon,
Et l'œil gay en emerillon,
Souple et droite comme une gaule.
En effet, saint François de Paule,
Et le plus saint Italien
Eust esté prins en son lien,
S'à la voir se fust amusé.

La coiffure au *passe-fillon* remonte au temps de Louis XI. Elle avait été inventée par une Lyonnaise de ce nom, femme d'un marchand nommé Antoine Bourcier, auquel, d'après la chronique de Jean de Troyes, Louis XI donna, en 1476, l'office de conseiller à la chambre des comptes de Paris. La Passe-Fillon avait attiré l'attention du monarque, galant malgré sa rude écorce et ses grandes préoccupations; et la charge conférée à l'époux était une sorte d'indemnité.

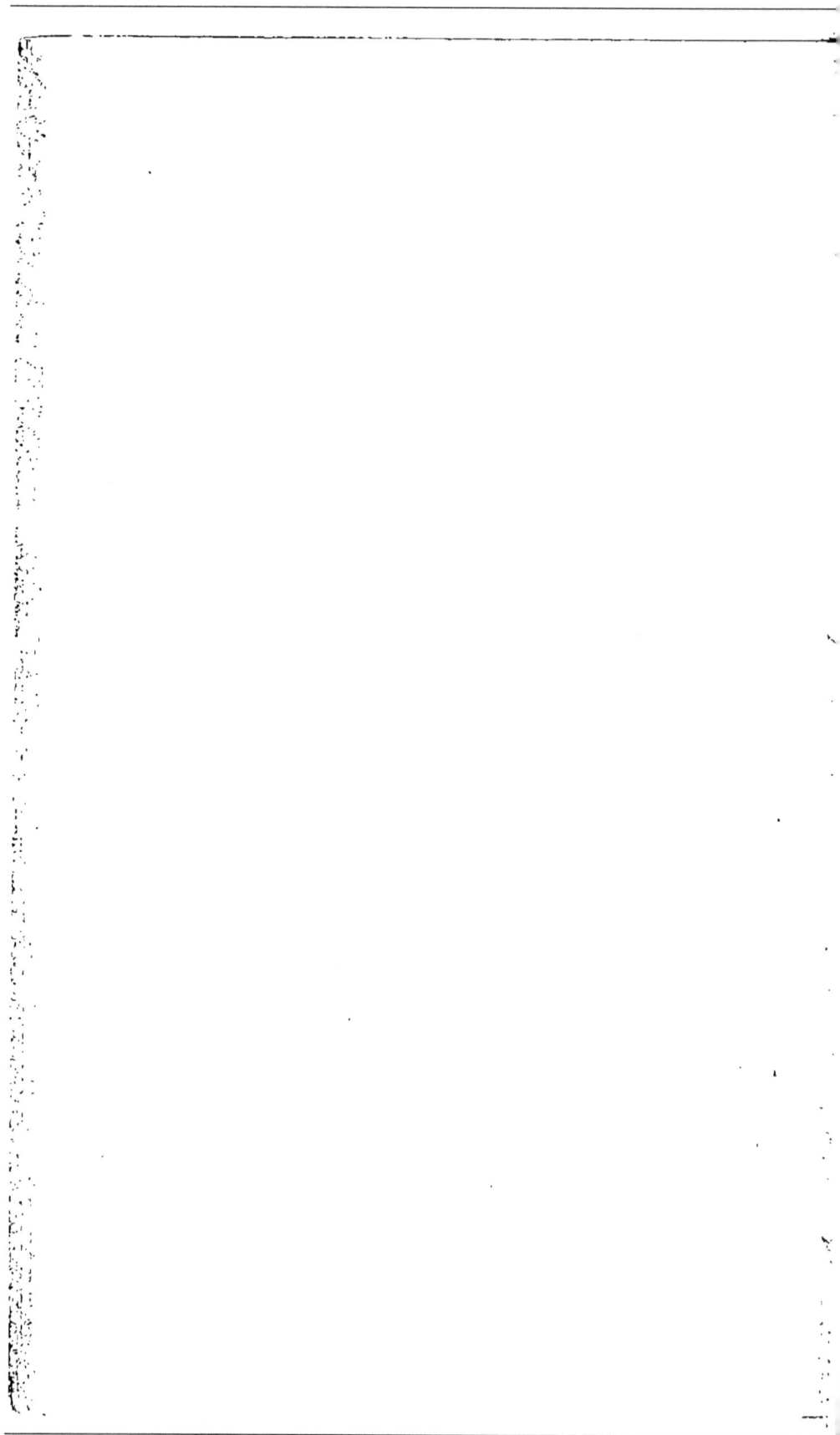

VII

— Les vertugadins. — Masques et manchons. — Les
habits à crevés. — Pourquoi François Ier reprit la
barbe. — Une victime de la barbe. — Les perruques.—La mode sous Henri II et sous Charles IX.—

Les *hoche-plis* ou *vertugadins*, qui parurent
vers 1530, étaient des cerceaux de fer, de bois
ou de baleine, sur lesquels s'étendaient les robes.
Ils prirent de telles dimensions, que Louise de
Montagnard, femme de François de Tressan,
enleva le duc de Montmorency, son parent, de
la ville de Béziers, où il était bloqué, en le ca-
chant dans sa voiture, sous la vaste cloche de

son vertugadin. A cet appareil, les femmes ajoutaient un corsage fendu et boutonné, des manches relevées sous l'avant-bras, et des mancherons de satin. A l'exemple de Marguerite de Navarre, elles se frisaient les cheveux sur les tempes, en les relevant au-dessus du front, et se coiffaient de bonnets de satin ou de velours garnis de pierreries.

Catherine de Médicis introduisit en France le fard, les corps de baleine, les masques de velours noir doublés de toile, et les manchons, appelés primitivement *contenances*.

Diverses tapisseries représentent François Ier et ses courtisans vêtus de pourpoints à basquines ou petites basques, et de pantalons à pieds trèscollants. Bientôt vint la mode de déchiqueter le pourpoint, les chausses, les souliers même pour livrer passage à des bouffettes. La coiffure masculine la plus ordinaire était un chapeau surmonté d'une plume; les anciens bonnets et les chaperons n'étaient conservés qu'à la Sorbonne.

Clément Marot dit, dans sa *Première épître du Coq à l'Asne* :

> Porte bonnetz carrez ou rondz
> Ou chaperons fourrez d'ermines,
> Ne parle point et fais des mines,
> Te voilà sage et bien discret.

François Ier rétablit la mode de la barbe longue.

L'an 1521, le jour de l'Épiphanie, étant à Romorantin chez le comte de Saint-Pol, il s'amusait à faire le siége d'une maison à coups de boules de neige, quand, dans la chaleur du combat, le capitaine de Lorges, sieur de Montgomery, lui lança un tison ardent. Le roi se coupa les cheveux pour faciliter le pansement de la blessure qu'il avait reçue ; mais, en revanche, il se laissa croître la barbe, malgré l'opposition de la magistrature et du clergé. Les barbes, de rigueur au palais du Louvre, furent impitoyablement bannies du palais de justice. François Olivier, qui parvint ensuite aux sceaux, ne fut reçu maître des requêtes qu'à la condition de se raser. Quand le cardinal d'Angennes eut été nommé évêque du Mans, en 1550, il fallut des *lettres de jussion* pour le faire admettre par son chapitre, malgré sa barbe. On fit des difficultés analogues à Pierre Lescot, chanoine de Notre-Dame, en 1556.

Guillaume Duprat, évêque de Clermont, mourut victime de sa barbe. S'étant présenté le jour de Pâques à la porte de sa cathédrale, il y trouva trois chanoines, l'un, le doyen, armé de ciseaux et d'un rasoir, le second tenant le livre des statuts du chapitre, et le troisième désignant du doigt ces mots du texte : *Barbis rasis.*

Tous trois se mirent à crier :

— *Barbis rasis*, révérend père en Dieu ! *barbis rasis !*

Et le doyen brandit le rasoir.

Le prélat résista ; les chanoines insistèrent ; Guillaume Duprat s'enfuit, poursuivi par le trio persécuteur, et se réfugia dans son château de Beauregard, où, troublé de cette scène scandaleuse, indigné de l'affront qu'il avait reçu, échauffé de la course qu'il avait faite, il se mit au lit pour ne plus se relever.

> De ce prélat tel fut le sort,
> Que sa barbe causa sa mort.

Les perruques et surtout les perruques blondes restèrent toujours en France. Adrien Turnèle, directeur de l'imprimerie royale, de 1552 à 1556, rapporte dans ses *Adversaria*, que les femmes, surtout à la cour, recherchaient une beauté mensongère, s'ajoutaient des chevelures postiches, la plupart blondes (*comas appositas, quales flavas plerumquæ, mulieres, mentito decore formam quærentes, præsertim in aulis, sibi adjicunt.*)

On voit par le préambule d'une ordonnance

de Henri II, en date du 12 juillet 1549, « que les gentilshommes et les femmes faisoient des dépenses excessives pour leurs draps en étoffes d'or et d'argent, *pourfilures*, passements, bordures, orfévreries, cordons, canetilles, velours, satins ou taffetas barrés d'or et d'argent. » Avec le règne de ce prince commencent les fraises de toiles ou rotondes, empesées et plissées, les collets montés, les capes espagnoles, qui durèrent jusqu'au xviie siècle.

Ce fut aux noces de sa sœur Marguerite de France avec Emmanuel-Philibert de Savoie, au mois de juin 1559, que Henri II porta le premier des bas de soie tricotés à l'aiguille. Il est représenté, dans les monuments, vêtu d'un pourpoint à basques, galonné d'or, et d'un manteau de même étoffe. Ses trousses ou hauts-de-chausses, rembourrés de crin, de bourre de laine ou de coton, sont de satin blanc rayé d'or ; ses chausses et ses souliers, de satin blanc uni. Après sa mort, sa veuve, Catherine de Médicis, porte un costume de l'aspect le plus sévère, composé d'une sorte de casquette dont la visière est rabattue au milieu du front ; d'une collerette à gros tuyaux ; d'un corsage collant et boutonné ; d'une large jupe plissée, et d'un long manteau rehaussé d'un collet montant.

Charles IX avait un profond dédain pour la toilette. Le roi de la Saint-Barthélemy, quand il n'était point troublé par des préoccupations politiques, se livrait à des amusements qui excluaient les recherches de la mode. Il avait une telle passion pour la chasse, qu'au milieu de la nuit, il se réveillait parfois en sursaut en appelant ses chiens. Il se plaisait à forger, à faire des serrures, des clefs, des fers de cheval, des rouets d'arquebuse et de pistolet. Il passait de longues heures à sa forge, au rez-de-chaussée de son palais du Louvre, travaillant en chemise ou en souquenille de toile noire. Parfois, il s'amusait à faire de la fausse monnaie.

« Je le vis un jour, raconte Brantôme, qu'il en montra à M. le cardinal de Lorraine, « Voilà, » disait-il, « monsieur le cardinal; cette pièce est » bonne, celle-là ne vaut rien; mais montrez-la » à qui vous voudrez; éprouvez-la au feu, elle » se trouvera bonne. »

Avec de semblables inclinations, Charles IX devait voir de mauvais œil les hommes mettre des busc à leur pourpoint et se travestir en amazones dans les carrousels; les dames faire venir d'Orient des parfums, des soieries, des plumes d'autruche et des cosmétiques. Dès la seconde année de son règne, en 1561, il publia une ordonnance pour interdire aux femmes veuves l'usage de la soie, sauf la serge ou camelot de soie, les taffetas, le damas et le velours plain. Il défendit en même temps à tous les habitants du royaume d'avoir des dorures sur plomb, bois ou fer, et de se servir des aromates étrangers.

Deux édits, des 17 et 18 janvier 1563, proscrivirent les vertugadins de plus d'une aune et demie; les hauts-de-chausses enflés de crin de cheval, de coton, de bourre ou de laine; les chaînes d'or, aiguillettes, pièces d'orfévrerie avec ou sans émail, plaques et tous autres boutons que ceux qui étaient nécessaires pour fermer les pourpoints, attacher les capes et garnir les bonnets.

Enfin, une déclaration, en date de 1567, règle les habillements de toutes les classes. Les soieries ne furent plus permises, dans les ordres, qu'aux cardinaux, archevêques et évêques ; les toiles d'or et d'argent, qu'aux princes, princesses, ducs et duchesses. On prohiba le velours, les émaux, et les bourgeoises ne purent porter des perles et des dorures qu'en patenôtres et en bracelets.

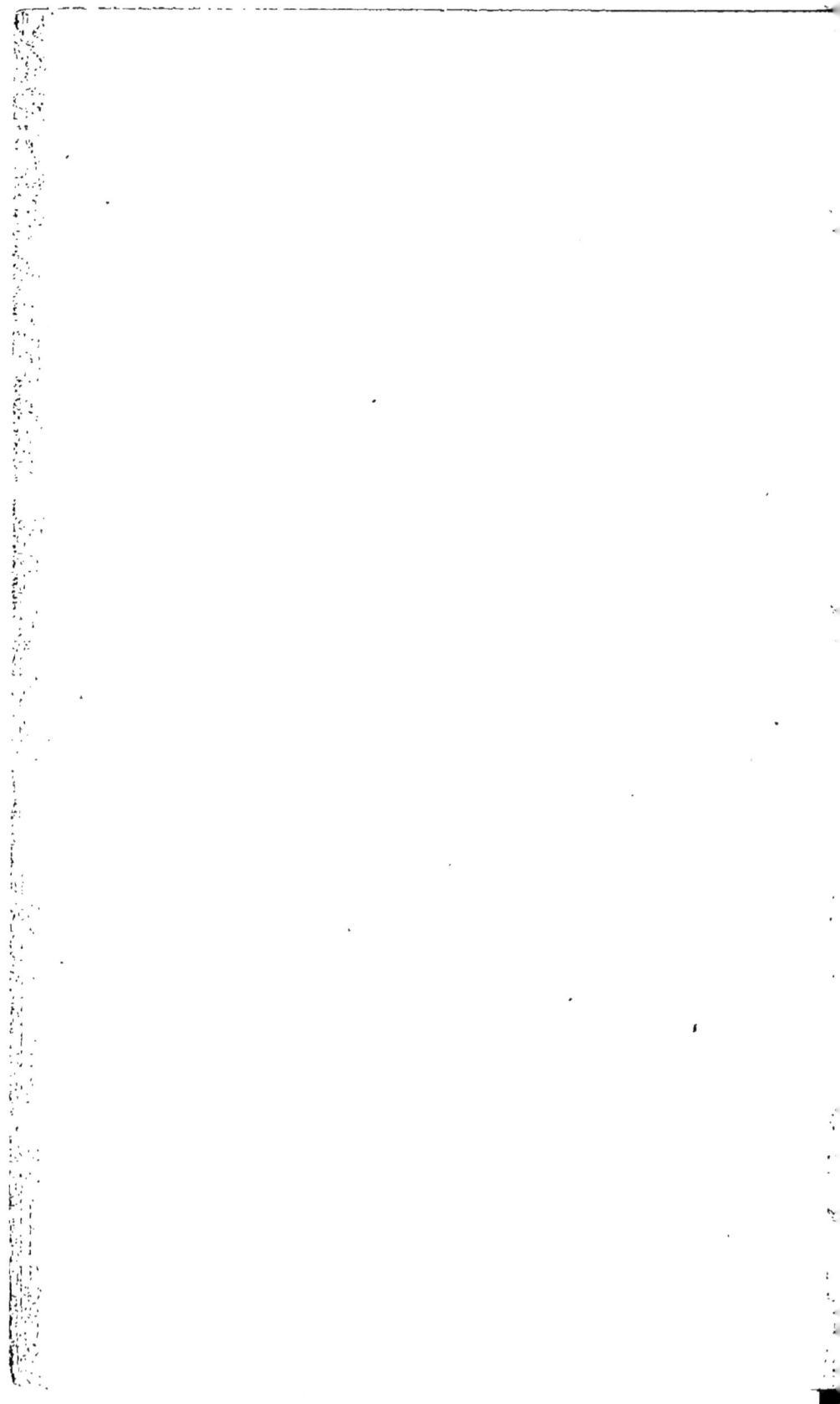

VIII

— Règne de Henri III. — Les éventails. — Costume
des mignons. — Quel est l'époux? — Deux cents
sortes de chapeaux. — Bussy d'Amboise victime
de la mode. — Le drageoir du duc de Guise. — La
mode sous Henri IV. — Luxe et misère. — Grandeur et décadence de François Trouillac. —

Henri III réitéra ces lois somptuaires ; mais
comment les eût-on observés, lorsque la cour
affichait le luxe le plus extravagant, et que tout
le monde l'imitait!

Après avoir remémoré plusieurs célèbres amis
de la simplicité, Antoine du Verdier dit, dans
ses *Diverses Leçons,* publiées en 1576 :

« Si tous ces gens de bien vivoient de ce temps, je crois qu'ils rougiroient de honte pour nous, de voir le monde si déréglé, du plus grand jusques au petit, et le débord de licence du menu peuple à se vêtir sans exception de riches habits, jusques à déchiqueter les velours en mille lopins, et chamarrer leurs manteaux, pourpoints et chausses de passements d'or. Finalement, qu'à peine sauroit-on discerner par le jour d'huy un grand seigneur, duc et comte, d'avec un soldat ou autre qui n'a que la cape et l'épée, excepté à la suite et train. Mais, quant à l'habit, le roi n'en a point de plus beau que fait ordinairement un simple courtisan, ce qui ne devroit être permis : car il est facile à juger que tels frisés et braves muguets, n'ayant de quoi fournir du leur en telle dépense, entretiennent cet équipage par moyens illicites, ou bien ils sont enfans de la matte (ainsi dits parce qu'ils mattent ceux qui tombent en leurs piéges), ou étalons de cour, ou bien voleurs, larrons, assassineurs ou rufiens. »

Selon Henri Estienne, auteur de l'*Apologie pour Hérodote*, « la somptuosité était si grande, qu'un petit compagnon dépensoit trois cents francs ou à peu près pour une seule paire de chausses. »

C'était la mode, sous Henri III, d'avoir des

fraises empesées et godronnées ou de grands collets renversés *à l'italienne*. Les élégants, pour conserver la blancheur de leur teint et de leurs mains, mettaient la nuit des masques et des gants enduits de cosmétiques. Ils se faisaient épiler les sourcils, de manière à ne laisser au-dessus de l'œil qu'une arcade fine et déliée. Ils échancraient leurs pourpoints, afin de montrer quelques *dentelles de point coupé*, genre de parure nouveau, importé de Venise, et dont il est question pour la première fois dans la *Description de l'île des Hermaphrodites*, pamphlet d'Arthur Thomas, qui mentionne aussi les éventails comme servant au sexe masculin :

« Je vis qu'on lui mettoit à la main droite un instrument qui s'estendoit et se replyoit en y donnant seulement un coup de doigt, que nous appelons un éventail. Il était d'un vélin aussi délicatement découpé qu'il estoit possible, avec de la dentelle à l'entour de pareille étoffe. »

Les *mignons fraisés et frisés* empruntèrent encore aux dames les colliers de perles, les boucles d'oreilles, les bagues, les *bourets* de velours et les *bichons* : on nommait ainsi les cheveux roulés au-dessus des tempes. Les deux sexes, également *poupins*, se parfumaient d'eaux cordiales, de civette, de musc, d'ambre gris et de précieux aromates. On ne les distinguait plus l'un de l'autre, et l'épigramme suivante d'Étienne Tabourot, seigneur des Accords, n'avait rien d'exagéré :

> Ce petit popeliret,
> Frisé, fraisé, blondelet,
> Dont la reluisante face,
> Fait même honte à la glace,
> Et la délicate peau
> Au plus beau teint d'un tableau :
> Ce muguet dont la parole
> Est bleze, mignarde et molle ;
> Le pied duquel, en marchant,
> N'iroit un œuf escachant,
> L'autre jour prit fantaisie
> De s'épouser à Marie,
> Vêtue aussi proprement,
> Peu s'en faut, que son amant.
> Et, venant devant le temple,
> Le prêtre, qui les contemple,
> Demande, facétieux :
> « Quel est l'époux de vous deux ? »

Ceux qui tenaient à conserver une tournure civile se coiffaient de chapeaux à *l'albanaise*, très-hauts et presque sans bords, ou de *sombreros* espagnols, dont la large envergure ombrageait le visage.

« Qui pourroit, écrivait Blaise de Vigenère en 1576, comporter de voir, en moins de quinze ans, varier de plus de deux cents sortes de chapeaux et de ceintures à porter l'épée, et suit le reste à l'équivalent? »

Les pourpoints étaient collants ou très-amples, à la *suisse, découpés à grandes balafres;* on les criblait de *taillades,* de *crevés,* et ce fut cette mode qui perdit Bussy d'Amboise. Le sire de Montsoreau, instruit des relations de sa femme avec ce hardi capitaine, le 24 novembre 1579, la força, le poignard sur la poitrine, de lui donner un rendez-vous. Bussy accourt sans défiance, et est introduit par une femme de service dans une chambre où l'attendent le mari furieux et huit hommes armés. Bussy tire l'épée, se défend avec autant de présence d'esprit que de courage, met hors de combat trois de ses adversaires, s'approche d'une fenêtre, l'ouvre et s'élance. Il est sauvé!...

« Mais, raconte Varillas, par malheur pour lui, il avoit ce jour-là un pourpoint à la mode,

c'est-à-dire tailladé, qui, rencontrant un bar-
reau de fer, s'accrocha. Bussy demeura suspendu, et les cinq ennemis qui lui restoient,
l'apercevant dans cet état, le tuèrent à leur
aise. »

C'est cette tragique aventure, racontée par
l'Estoile, qui a fourni à M. A. Dumas le sujet
de son drame de *Henri III.*

Les jeunes seigneurs placèrent en sautoir sur
leur poitrine une montre, invention toute récente,
peu nécessaire à des gens qui ne connaissaient point
le prix du temps; ils se servaient de sarbacanes
pour lancer aux dames des bonbons musqués, et
cultivaient avec succès l'exercice nouveau du bilboquet.

« Au mois d'août 1585, dit Pierre de l'Estoile, le roy commença de porter un bilboquet
dont il se jouoit par les rues; le duc d'Épernon
et les autres courtisans firent le semblable,
suivis de gentilshommes, pages, laquais et jeunes
gens de toutes sortes, tant ont de poids et de
conséquences, principalement en matière de folie,
les actions et déportements des rois, princes et
grands seigneurs. »

On portait à la ceinture un drageoir. Le duc

de Guise en avait un en argent, le jour où il fut victime du plus lâche guet-apens dont jamais roi se soit souillé. Il venait de manger quelques prunes de Brignoles, et mettait le reste dans son drageoir, quand le secrétaire Révol vint l'avertir que Henri III le demandait. Attaqué par les quarante-cinq, au moment où il soulevait la portière de velours du cabinet, le malheureux duc essaya de se défendre avec la boîte d'argent qu'il tenait encore à la main.

Montaigne nous apprend que les dames de la cour, quand elles n'avaient point de corps de baleine, se serraient la taille avec des éclisses de bois.

Elles portaient d'ordinaire deux robes superposées, de deux couleurs différentes. Leurs manches, rembourrées de coton, ressemblaient aux *gigots* de la Restauration ; leurs bas étaient attachés avec des jarretières à ramages ; les masques ou *loups*, dont elles se couvraient la figure à la promenade, n'avaient point de cordons, mais ils étaient maintenus par un bouton de verre, qu'il fallait presser entre les dents. A leur ceinture, à côté d'une aumônière, pendait un miroir rond, à manche, qu'elles consultaient souvent, afin de rajuster leurs lichons. Pour coiffure, elles avaient la toque, le bourrelet et l'*escofion*, sorte

5

de chapeau à fond élevé, dont l'étoffe, naturellement chiffonnée, formait une multitude de plis.

L'ancien chaperon reparaissait encore.

« On appelle *chaperon*, dit Jean Picot, dans
son *Trésor de la langue françoise*, l'atour et
habillement de teste des femmes de France , que
les damoiselles portent de velours à queue pen-
dante, touret levé, et oreillettes atournées de
dorures, ou sans dorures, autrement appelées
coquilles. Les bourgeoises le portent de drap,
toute la cornette quarrée, hormis les nourrices
des enfans du roy, lesquelles le portent de velours à ladite façon bourgeoise. »

Les cahiers de la noblesse aux états de Blois,
en 1588, remontrent « qu'il ne debvroit être
permis aux femmes des advocats, procureurs,
trésoriers, bourgeoises et autres femmes *igno-
bles*, de porter plus chaperons de velours. »

La cour de Henri IV adopta définitivement le
chapeau de feutre à bords retroussés, et ombragé
d'un bouquet de plumes ; elle propagea l'usage de
séparer les chausses des bas, et de placer sur le
genou une jarretière à rosette. Un *fringant* de
ce règne devait avoir une fraise ou *rotonde* très-
roide, montée sur un carton ; une écharpe blan-

che, en sautoir, sur son pourpoint *tailladé ;* une
cape ou manteau court à *l'espagnole ;* un haut-
de-chausses à *crevés ;* des bas-de-chausses collants, en taffetas de Chine, rouge et blanc. Il devait
encore, suivant le poëte satirique Regnier,

Dire cent et cent fois : « Il en faudrait mourir ! »
Sa barbe pinçoter, cageoler la science,
Relever ses cheveux, et dire : « En conscience ! »
Faire la belle main, mordre un bout de ses gants,
Rire hors de propos, montrer ses belles dents.
Se carrer sur un pied, faire arser son épée,
Et s'adoucir les yeux ainsi qu'une poupée.

Berthelot, autre poëte contemporain, dans son
Inventaire d'un courtisan, nous indique une partie
des objets nécessaires à la toilette d'un jeune frisé.

La coquille d'un limaçon
Pour bien lisser une rotonde,
Une carte entière du monde,
Des gants neufs de peau de souris,
Une once de poudre d'iris,
Des préceptes pour la grimasse.
Une grosse troupe de chasse.
Un papier tout plein de ruban,
Et les deux manches d'un gaban ;
Un compas pour l'astrologie,
Plusieurs figures de magie,

Un chapeau gris, quatre boutons,
La rognure de deux testons,
Un fer pour friser la moustache,
Des gaufres, un peigne, un panache
Dont il se pare quelquefois,
Allant à la maison des roys.

Le gaban, dont il est question dans ce frag-
ment, était un manteau de feutre à longs poils
et à manches, dont on s'affublait pour se garantir
de la pluie. A la campagne, et par le mauvais
temps, les hommes se couvraient aussi d'une
casaque à capuchon, appelée *palelot*, mot dé-
rivé, suivant les uns, du latin *palliotum* (petit
manteau), et, suivant les autres, de *pallium*,
manteau, et de *tot*, qui signifie en breton *chapeau*.

Les dames, sous le Béarnais, continuèrent à
porter des masques, à se parfumer d'ambre gris,
de musc et d'eaux cordiales, à ressembler à des
cloches par l'ampleur de leurs robes à *vertugadins*.

Quelquefois leur corsage, au lieu d'être boutonné par devant et de se terminer carrément,
s'entr'ouvrait pour laisser voir une chemisette,
et s'allongeait en pointes aiguës.

Le faste des courtisans dépassa encore celui
de leurs devanciers, malgré les édits de 1594,

1601 et novembre 1606, contre les *clinquants*
et *dorures*

Henri IV était mis d'ordinaire assez simplement; il jouait à la paume, sans pourpoint,
avec une chemise déchirée et de larges chausses
grises dites *à jambes de chien*. Il évitait la repré-
sentation; mais, lorsqu'il y était contraint, il
mettait un pourpoint chamarré d'or, sans toutefois quitter son chapeau gris, orné d'un blanc
pennache. Tel fut son costume, lorsqu'il entra
à Paris, le lundi 15 septembre 1534, en reve-
nant du château de Saint-Germain. Gabrielle
d'Estrées, dame de Liancourt, le précédait dans
une litière découverte.

« Elle étoit, disent les mémoires contemporains,
chargée de tant de perles et de pierreries si reluis-
santes, qu'elle offusquoit la lueur des flambeaux,
et avoit une robe de satin noir toute *houppée* de
blanc... »

« Le samedi, 12 novembre 1534, raconte
Pierre de l'Estoile, on me fit voir un mouchoir
qu'un brodeur de Paris venoit d'acheter pour
madame de Liancourt, laquelle devoit porter le
lendemain à un ballet, et en avoit arrêté le prix
à *dix-neuf cents écus* qu'elle lui devoit payer
comptant... »

« Le dimanche gras de l'année 1535, furent
faits à Paris force ballets, mascarades et colla-
tions, et à la cour encore plus, où les plus belles
dames, richement parées et magnifiquement atou-
rées, et si fort chargées de perles et pierreries,
qu'elles ne pouvoient se remuer, se trouvèrent
par le commandement de Sa Majesté. »

Au carnaval de 1536, les festins, les fêtes,
les parures furent plus magnifiques encore.

« Quant aux habillements, bagues et pierreries, la superfluité y étoit telle, qu'elle s'étendoit
jusqu'au bout des souliers et patins des dames et
demoiselles; et cependant processions de pauvres
se voyoient dans les rues en telle abondance,
qu'on n'y pouvoit passer, lesquels crioient à la
faim, pendant que les maisons des riches regor-
geoient de banquets et de superfluités : chose
abominable devant la face de Dieu. »

L'habillement que commanda le marquis de Bas-
sompierre à l'occasion du baptême des enfants du
roi, le 14 septembre 1606, était de toile d'or violette, brodée de palmes entrelacées, et enrichi de
cinquante livres de perles; il coûta avec l'épée

dix-neuf mille écus dont six cents pour la façon.

Jean de Serres, auteur de *l'Inventaire de l'histoire de France*, nous fournit de nouveaux détails sur le luxe déployé dans la même cérémonie :

« Les princes et les seigneurs de la cour concertoient à qui devanceroit l'un l'autre en dépense. Dedans les gardes seules d'une superbe épée, que le duc d'Épernon fit monter, entrèrent *dix-huit cents diamants* dont le plus riche étoit de vingt écus, et le moindre de quatre à cinq, et revenoient ces gardes, au dire de l'orfévre qui les étoffa, à *trente mille* écus. Jamais ne fut rien de plus admirable à la veüe, ny de plus incroyable à l'ouye, que la beauté, l'ornement et le lustre des princesses et dames de la cour : les yeux humains ne pouvoient soutenir la splendeur de l'or, ni la candeur de l'argent, ni le brillant des perles et des pierreries qui couvroient leurs habillements ; et tout ce qui se peut recouvrer de précieux et de rare en étoffes revêtoit les princes et seigneurs. La robbe de la reine, étoffée de trente-deux mille perles et de trois mille diamants, la mettoit hors de pair et de prix. »

Les barbes, triomphant des obstacles qu'on leur avait suscités, régnèrent sans partage avec Henri IV. On en vit de rondes, de carrées, de pointues, à la *ligue*, en *queue d'aronde* ou d'hirondelle, en feuilles d'artichaut, etc. Les barbes en *éventail* étaient consolidées avec un mastic de cire parfumée, et enfermées chaque soir dans une bigotère, bourse du genre des aumônières que les bigots portaient à la ceinture.

La mode des *barbes en satyre* fut due à un pauvre charbonnier nommé François Trouillac, que Jean de Beaumanoir, marquis de Lavardin, découvrit en chassant dans la forêt du Mans et qu'il envoya au roi. Ce Trouillac avait sur le front une corne recourbée, qu'il était obligé de couper, comme nous coupons nos ongles.

Henri IV, après l'avoir montré à toute la cour, le donna à un valet d'écurie, qui en fit l'exhibition publique dans une maison de la pointe Saint-Eustache, au mois de septembre 1533.

Les curieux affluèrent; on admira non-seulement l'appendice cornu du phénomène, mais encore sa barbe rousse, douce et floconneuse. Toutes les barbes se taillèrent sur le patron de celle du malheureux charbonnier, qui ne put jouir de ce triomphe involontaire ; car, trois mois après son arrivée, on l'enterrait dans le cimetière de Saint-Côme, rue de la Harpe, au coin de la rue des Cordeliers.

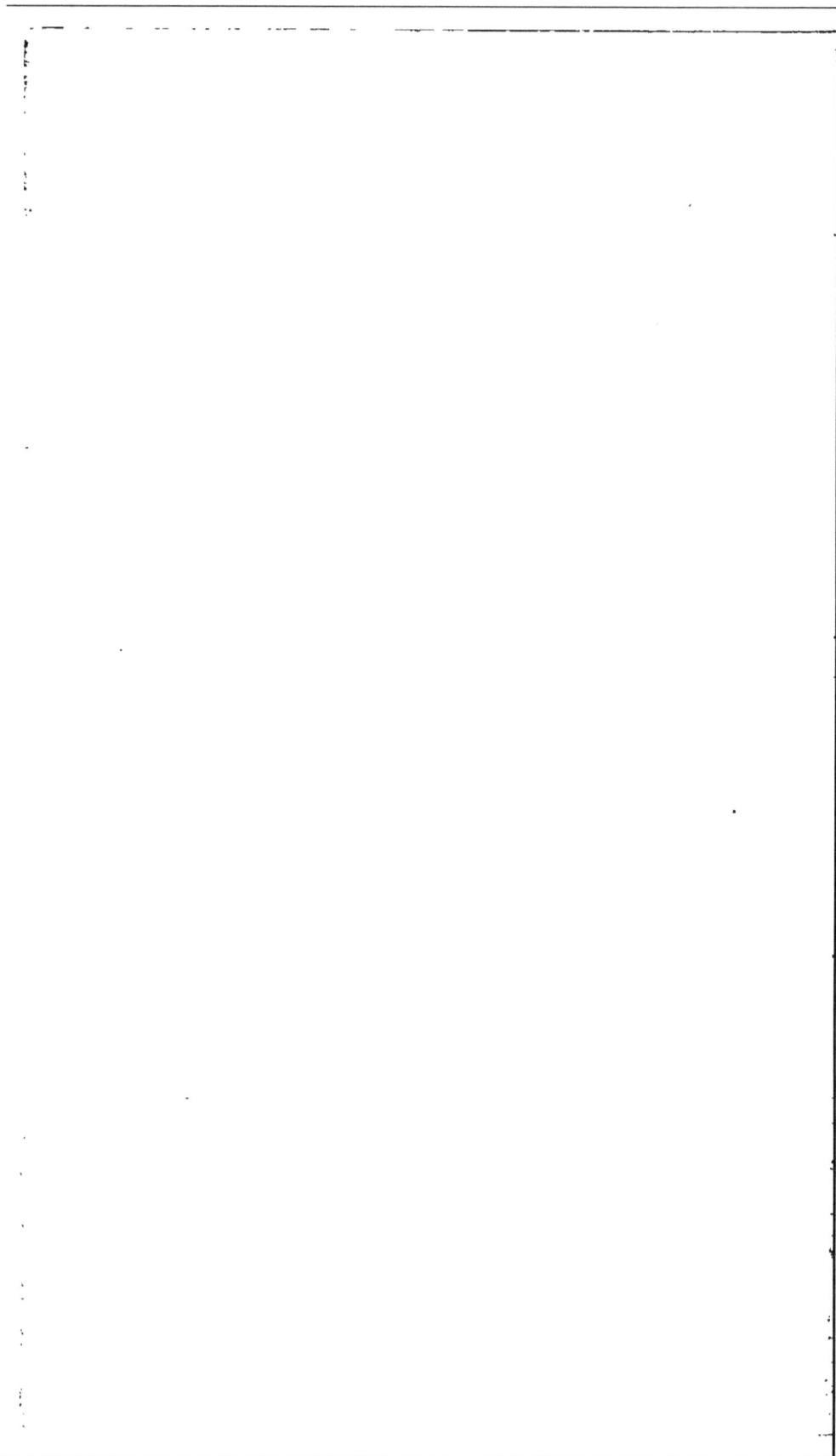

IX

— Louis XIII. — Les moustaches. — Cadenettes. — Coiffures à la comète. — Rabats. — Cravates et canons. — Ordonnances contre le luxe. — Merveilleux et merveilleuses en 1640. —

Le crime de Ravaillac fut fatal aux barbes ; le successeur de la victime ayant neuf ans, les mentons des courtisans se mirent insensiblement à l'unisson de celui de l'enfant roi. Le dernier magistrat qui porta la barbe fut Richard Mithon, bailli et juge criminel du comté d'Eu, mort en 1626. Toutefois l'on conserva avec soin les moustaches à l'*espagnole*, à la *royale*, à la *tur-*

que, en *garde de poignard.* On y attachait un prix extraordinaire.

« J'ai bonne opinion, dit un grave moraliste, d'un jeune gentilhomme curieux d'avoir une belle moustache. Le temps qu'il passe à l'ajuster, à la redresser n'est point perdu : plus il l'a regardée, plus son esprit doit être nourri d'idées mâles et courageuses. »

Lorsque François de Montmorency, comte de Bouteville, fut décapité, le 21 juin 1547, il porta la main à sa moustache, pour la défendre des ciseaux du bourreau, et son confesseur Cospeau, évêque de Nantes, s'écria en joignant les mains :

— Quoi ! mon fils, vous pensez encore au monde !

Honoré d'Albert, seigneur de Cadenet, nommé maréchal de France en 1609, inventa les *cadenettes;* c'était une poignée de cheveux qu'on laissait longs sur la face gauche de la tête, après avoir coupé le reste très-court. De 1609 à 1612 régna, pour les hommes, la coiffure à la *comète;* les cheveux, séparés sur l'occiput, formaient par derrière une sorte de queue flottante qu'on ramenait sur l'une ou l'autre épaule.

Vers 1620, Louis XIII devint chauve : accident qu'on attribuait plaisamment aux harangues qu'on lui avait débitées. Il prit perruque, et les courtisans s'empressèrent de l'imiter. Les perruques se composèrent d'abord uniquement de deux touffes attachées aux deux côtés d'une calotte de taffetas; on crut avoir trouvé un grand perfectionnement quand on y attacha une touffe postérieure.

Le costume, sous Louis XIII, s'éloigna insensiblement de celui du xvie siècle. Aux fraises succédèrent les rabats, les collets bordés de dentelles, et les cravates, qu'introduisirent en France, pendant l'année 1636, les cavaliers croates au service du roi.

« La cravate, suivant la définition d'Antoine Furetière, est une espèce de collet que portent les hommes, quand ils sont en habit de campagne ou en justaucorps; elle se noue autour du cou, et les deux bouts pendent fort bas dessous le menton. »

Le pourpoint à basques tendait à devenir l'habit moderne; il s'ouvrait pour laisser paraître la chemise, dont les plis descendaient sur la ceinture; les hauts-de-chausses étaient remplacés par une culotte flottante; au-dessus du

genou s'attachait *le canon*, cercle d'étoffe frangé
de dentelles. Le cardinal de Retz, dans ses Mémoires, raille le duc de Candole en disant : « Il
n'avoit de grand que ses canons. » On se chaus-
sait de bottes à *entonnoir*, de souliers à talons
hauts, enjolivés de rosettes. Les dames avaient
renoncé aux vertugadins ; elles superposaient
deux robes, l'une courte et parfois retroussée,
l'autre longue et traînante ; le corsage était décolleté carrément ; les manches, larges du haut,
mais sans matelassage, étaient collantes sur
l'avant-bras. Les deux sexes prodiguaient les
dentelles en voilettes, en manchettes, en tours
de gorge, en garnitures. Les rubans, les volants,
les falbalas, étaient semés à profusion sur les
vêtements ; le luxe allait toujours croissant ;
témoin ce passage du *Baron de Feneste*, du
sieur d'Aubigné :

« Les valets de pied de la cour eux-mêmes
portent cheveux et perruques jusque sur les
épaules, les manchettes jusqu'au coude, les
chausses sur les talons, la gorge, le cordon
de chapeau et les oreilles toutes bigarrées de
rubans *incarnadins*. »

Louis XIII rendit deux nouvelles ordonnances

en 1633 et en 1634. Cette dernière produisit une vive impression, qui se manifesta par des milliers de caricatures ; l'une d'elles représente un marchand flamand qui s'arrache les cheveux, foule aux pieds des broderies, et s'écrie :

Que fait-on publier ? que venons-nous d'entendre ?
Mettons bas la boutique, et de nos passements
Faisons des cordes pour nous pendre !

Une autre estampe est intitulée : *Pompe funèbre de la mode, avec les larmes de Démocrite et les ris d'Héraclite*. La Mode, portée par quatre femmes, est suivie d'un long cortége de tailleurs, de barbiers, de brodeurs, de *faiseuses*, qui élèvent, en guise de bannière, des bâtons chargés de dentelles et d'ajustements. On aperçoit au fond un sarcophage, avec cette épitaphe :

Ci-gist sous ce tombeau, pour l'avoir mérité,
La Mode, qui causoit tant de folie en France.
La mort a fait mourir la superfluité,
Et va faire bientôt revivre l'abondance.

L'effet des édits n'atteignit pas la cour ; elle

conserva ses habits dorés, ses dentelles, ses
pierreries, ses manteaux à ramages doublées de
loup-cervier et d'hermine. Les bourgeois seuls
durent se priver de galons, de plumes, de bottes, de manches à taillades. Les leurs avaient
cependant à la partie supérieure une ouverture
longitudinale, qui laissait la chemise à découvert
et pouvait se boutonner. Les bourgeoises, faute
de dentelles, se contentèrent de *galants* : c'était
sous ce nom qu'on désignait toute espèce de
rubans.

Dans la *Galerie du palais*, comédie du grand
Corneille, jouée en 1635, Oronte dit à Florise :

Si tu fais ce coup-là, que ton pouvoir est grand!
Vois. je te veux donner tout à l'heure un galant.

Dans la même pièce, un mercier dit à Cléante :

Ne vous vendrai-je rien, monsieur ? des bas de soie ?
Des gants en broderie, ou quelque *petite-oie?*

Ce nom, qui signifiait, au xvie siècle,
abatis de volaille, servait, sous Louis XIII, à
désigner les rubans, les plumes, le nœud d'épée,
les gants, les bas, les souliers et la garniture
de l'habit.

Scarron, dans son *Épître burlesque* à madame

de Hautefort, nous a laissé le portrait des *mer-veilleux* et *merveilleuses* de 1640, à la fin du règne de Louis XIII :

Parlerai-je des jouvenceaux,
Tous argentés par leurs manteaux
Tous enrichissant sur la mode,
Commode soit ou non commode ;
Ayant tous canon trop plissé,
Rond de bottes trop compassé.
Souliers trop longs, grègues trop larges,
Chapeau à trop petite marge,
Trop de galons dessus les reins,
A la tête de trop longs crins ?
Parlerai-je de ces fantasques
Qui portent dentelle à leurs masques,
En chamarrant les trous des yeux,
Croyant que le masque est au mieux ?
Dirai-je qu'en la canicule,
Qu'à la cave même l'on brûle,
Elles portent panne et velours ?
Mais ce n'est pas à tous les jours ;
Qu'au lieu de mouches, les coquettes
Couvrent leur museau de paillettes,
Ont en bouche canelle et clous,
Afin d'avoir le flaire doux,
Ou du fenouil que je ne mente,
Ou herbe forte comme mente.

6

X

Le grand siècle de Louis XIV (1647-1715)
vit des transformations nombreuses, des modes
étranges, un faste inouï, qui résista à vingt-cinq
ordonnances successives ; car, de même qu'aux
époques antérieures, la défense et l'exemple éma-
naient du pouvoir royal.

D'après les Mémoires de Dangeau :

« Louis XIV étoit vêtu de velours de couleur plus ou moins foncée, avec une légère broderie et un simple bouton d'or ; toujours une
veste de drap ou de satin, rouge, bleue ou verte,
fort brodée. Il ne porta jamais de bagues ni de
pierreries qu'à ses boucles de souliers ou de
jarretières. Son chapeau étoit toujours bordé de
point d'Espagne, avec un plumet blanc. Il étoit
le seul de la maison royale et des princes qui
portoit l'ordre du Saint-Esprit dessous l'habit,
excepté les jours de mariage et de grande fête,
où il portoit l'ordre par-dessus avec des pierreries
pour *huit ou neuf millions.* »

Quand il ramena Marie-Thérèse à Paris,
le 26 août 1660, il étala une magnificence lourde
et écrasante comme le despotisme. Qu'on lise
plutôt la description qu'a laissée Larrey de cette
solennité, dans son *Histoire de Louis XIV* :

« Le roy et la royne partirent de Vincennes.
Ils étoient conduits par le chancelier, vêtu d'une
robe de drap d'or frisé, avec une soutane de
toile d'or, et la ceinture de même, ayant un
chapeau de velours noir brodé d'or, dont le cordon étoit aussi d'or.

» Il étoit précédé des officiers de la chancellerie et des serviteurs du roy, en robes de satin
et manches pendantes.

» Les maîtres des requêtes marchoient ensuite
en robes de velours noir, avec des ceintures d'or :
les officiers du sceau suivoient, et après eux venoit une haquenée blanche, couverte d'une housse
de velours bleu, semée de fleurs de lys d'or, qui
portoit les sceaux dans une cassette de vermeil
doré, couverte d'une gaze d'argent ; deux esta-
fiers la menoient, vêtus de pourpoints de satin
violet, et de hauts-de-chausses de velours, chamarrés d'or, avec des toques de pareille étoffe,
chargées de plumes violettes et blanches.

» Ils étoient précédés des quatre huissiers de
la chancellerie, vêtus de même, ayant des chaînes
d'or au cou, et portant des masses d'argent à la
main.

» Tout ce cortége étant arrivé au Trône (à la
barrière de ce nom), Leurs Majestés parurent
bientôt après. Le roy, vêtu d'un habit tout de
broderie d'argent trait, mêlé de perles, et garni
de rubans incarnat et argent, avec un bouquet
de plumes incarnat et bleu attaché d'une rose de
diamants, venoit monté sur un cheval d'Espagne,
dont la housse étoit en broderie d'argent et le
harnois semé de perles.

» La reine suivoit dans une calèche en forme de char de triomphe, couverte dehors et dedans d'une broderie d'or trait, et le dais brodé dehors et dedans de semblable broderie, avec des festons pendants à l'entour. Cette princesse étoit vêtue d'une robe enrichie d'or, de perles et de pierreries, et elle étoit parée des plus riches joyaux de la couronne. »

A la réception de l'ambassadeur de Perse à Versailles, le mardi 19 février 1715, le roi prit un habit d'étoffe or et noire, brodé de *douze millions cinq cent mille livres* de diamants, et si pesant, qu'il fut obligé de le quitter dans l'après-dînée. Le duc d'Orléans avait un habit de velours bleu brodé de diamants et de perles.

La même année, par édit du lundi 22 avril, Louis XIV défendit aux officiers de mettre des galons d'or à leurs uniformes.

On parlait encore, au commencement du grand siècle, des *canons*, des nœuds d'épaule, des *galants* ou rubans et de tous les enjolivements compris sous le nom de *petite-oie*.

Scarron fait dire à son héros Jodelet, dans une comédie jouée en 1645 :

Un plisseur de *canons,* ou de ces fainéants
Qui passent tout un jour à nouer des galants.

Le Gros-René du *Dépit amoureux*, pièce jouée à Paris au mois de décembre 1658, dit à Marinette:

> Ton beau galant de neige avec ta nonpareille,
> Il n'aura plus l'honneur d'être sur mon oreille.

Dans les *Précieuses ridicules*, qui sont de l'année suivante, Mascarille demande à Cathos :

« — Que vous semble de ma petite-oie? la trouvez-vous congruante à l'habit? le ruban en est-il bien choisi?

Madelon, sœur de Cathos s'écrie :

« — Furieusement bien ! C'est perdrigeon tout pur. »

Perdrigeon serait, à en croire les commentateurs de Molière, une couleur empruntée à une prune violette ou blanche; mais la vérité est que ce Perdrigeon, qu'on a voulu faire passer pour une prune, était un homme, un riche et célèbre marchand de *petites-oies*.

Dans une fable de Lenoble, *le Singe qui s'habille en cavalier*, maître Bertrand pare son épée,

> D'une dragonne d'or par Perdrigeon vendue.

Les barbes en pointe, qu'on enfermait la nuit

dans des sacs, disparurent insensiblement. On
en voyait encore quelques-unes en 1648.

« Aux funérailles de Voiture, dit le poëte
Sarrasin, trente petits cupidons, tenoient, l'un
la bigotère, l'autre le miroir, et, enfin, les autres le peigne d'écaille de tortue, les boîtes de
poudre, les pommades, les essences, les huiles,
les savonnettes, et le reste des armes qui avoient
servi aux conquêtes du grand Voiture. »

La manie des barbes fut remplacée par celle des
perruques ; il y en eut à la *françoise*, en *bichon*,
à *calotte*, à la *moutonne*, à l'*espagnole*, *à deux
faces*, à la *brigadière*. Le nommé Binette inventa la *grande perruque in-folio*, et il aurait
volontiers, disait-il, dépouillé les têtes de tous
les Français pour couvrir dignement celle de
leur monarque. Le chevalier Bernin, faisant le
buste de Louis XIV, disposa sur le front du roi
des boucles qui en cachaient une partie, en disant :

— Votre Majesté peut se montrer à tout le
monde.

Cet incident mit à la mode les *Frisures à la
Bernin*.

Le barbier de Louis XIV partageait avec les

plus hauts personnages de la cour l'honneur d'assister au *petit lever*, et il présentait au roi cinq perruques entre lesquelles Sa Majesté faisait un choix. Pour suffire à la consommation, on dut créer, par édits de 1656 et 1673, quarante charges de perruquiers. Il y eut des perruques du prix de mille écus. On avait commencé, dès le règne de Henri IV, à répandre sur les cheveux une poudre parfumée qu'on appelait *griserie*. Sous Louis XIV, on sema dessus un mélange de mousse de chêne et de farine de fèves, qualifié on ne sait pourquoi de *poudre de Chypre*.

Boursault, dans ses *Portraits critiques*, parle « d'une perruque toute blanche de poudre et terminée succinctement par un nœud accourci. »

Dancourt, dans sa comédie de l'*Été des Coquettes*, jouée le 12 juillet 1690, met en scène un abbé poudré. Angélique lui dit :

« — Éloignez-vous de moi, monsieur, vous avez des odeurs.

« — Ce n'est que de la poudre de Chypre, madame. »

Les perruques trouvèrent d'ardents contradicteurs parmi les théologiens ; ils argumentèrent en citant le chapitre XI de la *première Épître aux Corinthiens*. Claude de Saumaise

soutint la cause des perruques dans un ouvrage de
sept cents pages in-octavo : *Epistola ad Andream
Calvum de capillo virorum et mulierum comâ.*
Les cheveux postiches furent longtemps inter-
dits aux ecclésiastiques. En 1685, un chanoine
de Beauvais, qu'on empêchait de célébrer l'office
parce qu'il portait une perruque, la déposa entre
les mains de deux notaires qui rédigèrent sur-
le-champ une protestation motivée. En 1689,
plusieurs oratoriens furent renvoyés de leur
ordre pour crime de perruque.

L'état du costume masculin en 1661, est
précisé par ces vers de l'*École des Maris :*

Ne voudriez-vous point, dis-je, sur ces matières,
De vos jeunes mugets m'inspirer les manières,
M'obliger à porter de ces petits chapeaux
Qui laissent éventer leurs débiles cerveaux,
Et de ces blonds cheveux, de qui la vaste enflure
Des visages humains offusquent la figure ?
De ces petits pourpoints sous les bras se perdant,
Et de ces grands collets sur l'estomac pendant ?
De ces manches qu'à table on voit tâter les sauces,
Et de ces cotillons appelés hauts-de-chausses,
De ces souliers mignons de rubans revêtus,
Qui vous font ressembler à des pigeons pattus,
Et de ces grands canons où, comme en des entraves,
On met tous les matins les deux jambes esclaves ?

L'habit, qu'on nommait *justaucorps* lorsqu'il était étroit, avait des passements aux manches et des pattes sur le côté; il était de drap d'Elbeuf, de Lodève ou des Andelys, enrichi de galons, de tresses de soie et d'or, ou d'une bande d'or à la *Bourgogne*. Les bourgeois le portaient généralement noir, avec un manteau noir sans manches et des souliers noirs à bouts arrondis. Les courtisans rehaussaient leurs chaussures par des talons rouges; l'ancien pourpoint, qu'on plaçait sous l'habit, prit le nom de *veste*, la culotte est définie par Furetière dans son grand *Dictionnaire françois*, « une espèce de haut-de-chausses court, serré, où l'on attache quelquefois des bas, des canons et des *ringraves*. »

Ce dernier ajustement était un énorme haut-de-chausses attaché sur le genou avec des rubans, et introduit en France par le *reingraff* (comte du Rhin) gouverneur de Maestricht.

« — J'ai chez moi un garçon qui, pour monter une *ringrave* est le plus grand génie du monde, » dit le tailleur du *Bourgeois gentilhomme*, comédie jouée à Chambord, le 14 octobre 1670.

La *Désolation des Joueuses*, autre pièce donnée au théâtre par Dancourt, en 1687, nous révèle que les chevaliers d'industrie cachaient sous

leurs *ringraves* des cartes apprêtées. Les *brandebourgs* furent aussi une importation germa-
nique, due à l'électeur de Brandebourg, qui vint
en Alsace, en 1674. La grosse casaque descendait jusqu'à mi-jambes. Elle avait des manches
beaucoup plus larges que les bras, et des garnitures de boutons en olives, unis par des cor-
donnets.

Le costume des femmes, au commencement du
règne de Louis XIV, est élégant, riche et gracieux.

Les cheveux, diaprés de bouquets, tombent
en *tire-bouchons* qui accompagnent heureuse-
ment la figure. Il n'y a point trop de *crevés* et
de *bouffants* aux manches, qui sont généralement courtes et laissent l'avant-bras nu. La couleur de la robe ouverte contraste harmonieusement
avec celle de la jupe. Mais la toilette féminine
ne tarde pas à s'alourdir. Les coiffures s'élèvent,
les étoffes deviennent pesantes et chamarrées;
les robes à queue s'allongent ; on ajoute aux
souliers des talons hauts de trois pouces ; les
revers de la robe de dessus sont retenus des
deux côtés par de gros nœuds de rubans.

La huitième édition du *Traité de la civilité*,
publiée à Paris en 1695, nous apprend que le
masque n'était pas encore délaissé.

« A l'égard des dames, il est bon de savoir

qu'outre la révérence qu'elles font pour saluer, il y a le masque, les coiffes et la robe, avec quoi elles peuvent témoigner leur respect ; car c'est incivilité aux dames d'entrer dans la chambre d'une personne à qui elles doivent du respect, la robe troussée, le masque au visage et les coiffes sur la tête, si ce n'est une coiffure claire. C'est incivilité aussi d'avoir son masque sur le visage en un endroit où se trouve une personne d'éminente qualité, et où on peut en être aperçu, si ce n'est que l'on fût en carrosse avec elle. C'en est une autre d'avoir le masque au visage en saluant quelqu'un, si ce n'était de loin ; encore l'ôte-t-on pour les personnes royales. »

Plusieurs modes célèbres datent du règne de Louis XIV.

Ce fut vers 1656 que l'on commença à peindre avec soin les éventails, à les monter sur de légères baguettes de bois, de nacre, d'or, d'ivoire ou d'acier. Quelques dames demandèrent à Christine de Suède si elles devaient adopter la mode d'avoir des éventails en été comme en hiver. La reine, qui affichait une rude franchise, répliqua grossièrement :

— Je ne crois pas : vous êtes suffisamment éventées.

Charlotte-Élisabeth de Bavière, fille de l'électeur palatin, en épousant, en 1671, Monsieur, frère unique de Louis XIV, apporta en France la mode des palatines, qui cachèrent enfin ces nudités de gorge dont se plaignaient les prédicateurs.

Les mouches en taffetas noir, mentionnées dans l'*Épître burlesque* de Scarron, se propagèrent vers la même époque. Le portrait de Marie-Anne-Christine-Victoire de Bavière, fiancée au Dauphin en 1680, la représente avec trois mouches, l'une au front, l'autre au milieu de la joue, la troisième près du nez.

Les manches amadis, serrées et boutonnées jusqu'au poignet, se montrèrent, pour la première fois, dans les costumes que le chevalier Bernin avait dessinés pour l'opéra d'*Amadis des Gaules*, musique de Lully, paroles de Quinault.

Les fichus parurent après 1692, sous la dénomination de *steinkerques*. L'armée, commandée par le duc de Luxembourg, campait à Steenkerque, en Belgique, lorsqu'elle fut surprise par les troupes anglo-hollandaises du roi Guillaume. Les officiers français, en s'habillant à la hâte pour repousser l'ennemi, passèrent négligemment leurs cravates, et, de retour à Paris, ils continuèrent à les porter à la *steinkerque*.

Cette innovation n'était pas du goût des hommes qui tenaient au décorum par état ou par inclination.

Deux jeunes conseillers vinrent, un jour, à Gros-Bois rendre visite au président Harlay.

« Ils étaient, rapporte Saint-Simon, en habit gris de campagne, avec leurs cravates tortillées et passées dans une boutonnière, comme on les portait alors. Cela choqua l'humeur du cynique. Il appela une manière d'écuyer; puis, regardant un de ses laquais : « Chassez-moi, » dit-il, « ce » coquin-là tout à cette heure qui a la témérité » de porter sa cravate comme messieurs. » Messieurs pensèrent en tomber en défaillance, s'en allèrent le plus tôt qu'ils purent, et se promirent bien de n'y pas retourner. »

Les dames modifièrent les steinkerques, et se garnirent le cou de triangles de soie bordés de dentelles, de franges d'or, de filets d'or et d'argent.

« Les femmes de Paris, dit Pasquin, dans la scène VI de la comédie d'*Attendez-moi sous l'orme*, par Dufresny, jouée le 17 mars 1694, n'inventent point de modes qui ne servent à cacher quelque défaut. Falbala par haut pour celles qui n'ont point de hanches; celles qui en ont trop le portent plus bas. Le col long et la gorge creuse ont donné lieu à la *squinquerque*, et ainsi du reste. »

Les *fontanges* régnèrent de 1680 à 1701.

Pendant une partie de chasse, la duchesse de Fontanges, s'apercevant que ses cheveux étaient dérangés par le vent, les rattacha avec sa jarretière, en plaçant le nœud par devant.

Les femmes accueillirent cette nouvelle coiffure, présent du hasard, et, vingt ans après, on les voyait encore,

Sous leur *fontange* altière, asservir leurs maris.

Seulement, le ruban primitif avait singulièrement foisonné.

« Les *fontanges*, disent les Mémoires de Saint-Simon, étaient un bâtiment de fil d'archal, de rubans, de cheveux et de toutes sortes d'affiquets de deux pieds de haut, qui mettaient le visage des femmes au milieu du corps. Pour peu qu'elles remuassent, le bâtiment tremblait et menaçait ruine. »

Des morceaux de toile roulés en tuyaux d'orgue étaient comme les colonnes de cet édifice d'ordre composite, dont l'ensemble s'appelait une *commode* et dont chaque pièce essentielle avait un nom spécial. Dans la comédie déjà citée d'*Attendez-moi sous l'orme*, le valet Pasquin apporte à Agathe un livre intitulé : *les Éléments de la toilette, ou le Système harmonique de la coiffure d'une femme.* Il y lit la table alphabétique des principales pièces qui entrent dans la composition d'une *commode* :

La duchesse ;
Le solitaire ;
La fontange ;
Le chou ;
Le tête-à-tête ;
Le collet ;
Le mousquetaire ;
Le croissant ;
Le firmament ;
Le dixième ciel ;
La palissade ;
La souris.

« La souris, « ajoute Pasquin, » est un petit

7

nœud de nonpareille qui se place dans le bois ; notez qu'on appelle petit bois un paquet de cheveux hérissés qui garnissent le pied de la fontange bouclée. »

Dans une pièce de Dancourt, les *Fonds perdus* (8 juin 1680), Géronte demande à Lisette :
« — Angélique est-elle habillée ?
— Bon ! répond la cameriste, elle n'est peut-être pas encore coiffée seulement. Ne faut-il pas qu'elle soit toujours trois heures devant un miroir, et qu'elle passe toute la matinée à ajuster des souris, des palissades, des nonpareilles ? »
Louis XIV se prononça contre les fontanges.
Suivant les Mémoires de Dangeau, le roi, à qui déplaisaient les grandes coiffures que l'on avait depuis quelques années, le témoigna, le 25 septembre 1699. Les princesses et toutes les dames de la cour les changèrent, et la reine d'Angleterre voulut donner l'exemple aux dames plus âgées en abaissant fort sa coiffure. La comtesse de Shaftesbury, femme d'Antoine Ashley Cooper, ambassadeur du roi Guillaume, se dévoua à la transformation des têtes.

« Elle se déclara contre elles, dit Saint-Simon, les trouva ridicules, en mit d'opposées, et se donna pour modèle. Son jargon, son exemple, firent une subite impression ; les pyramides tombèrent avec une rapidité surprenante, et, le même jour, de l'extrémité du haut, les femmes se jetèrent dans l'extrémité du bas. »

Il nous reste comme monument de cette réso lution soudaine, ce madrigal épigrammatique, que l'abbé de Chaulieu composa en 1701 :

Paris cède à la mode et change ses parures,
Ce peuple imitateur, ce singe de la cour,
         A commencé depuis un jour
D'humilier enfin l'orgueil de ses coiffures.

Mainte courte beauté s'en plaint, gémit, tempête,
Et pour se rallonger, consultant les destins,
Apprend d'eux qu'on retrouve, en haussant ses patins.
La taille que l'on perd en abaissant sa tête.

         Voilà le changement extrême
Qui met en mouvement nos femmes de Paris.
         Pour la coiffure des maris,
         Elle reste toujours la même.

Les robes retroussées, que des nœuds de ruban relevaient comme des rideaux, furent remplacées, vers le même temps, par les *an-*

driennes. Baron, secondé par le Père de la Rue, avait traduit l'*Andrienne* de Térence. L'actrice qui en créa le principal rôle, le vendredi 6 novembre 1703, Marie Carton-Dancourt, se montra vêtue d'une robe longue, ouverte et volante, et la mode accepta ce déshabillé.

XI

— Règne de Louis XV. — Nouvelles perruques. —
Talons rouges. — Les paniers. — Preuves histo-
riques. —

Les essais tentés à la fin du siècle de
Louis XIV pour la rénovation des vêtements
préparaient de grandes métamorphoses qui s'opé-
rèrent sous son petit-fils Louis XV.

Les volumineuses perruques furent abandonnées pour d'autres qui s'appelèrent *à la régence, à
trois marteaux, à la circonstance.* Les faces en
furent relevées ou crêpées en ailes de pigeon, et
les cheveux, cessant de flotter sur les épaules,

furent emprisonnés dans une bourse, mis en queue ou noués dans un *cadogan*. La poudre devint d'un emploi général. L'habit était arrondi par des baleines, brodé, garni de poches en long et en travers, ainsi que de boutons de soie, de poil de chèvre, ou de métal; il se dessinait carrément autour du bassin. La veste, entr'ouverte, livrait passage à des jabots de dentelle ou de mousseline brodée. Les cravates firent place à des cols de mousseline plissée, et l'on créa à la cour une charge de *porte-cravate* dont le titulaire avait pour seule fonction de mettre et d'ôter le col de Sa Majesté. Le mot *culotte* s'était jusqu'alors appliqué à une espèce de haut-de-chausses court et serré, où l'on attachait quelquefois des bas, des canons, des *ringraves*; il signifiait aussi des trousses de page serrées et plissées. Il désigne désormais la partie du vêtement comprise entre la ceinture et le genou. Des boucles d'argent, des talons rouges, distinguaient la chaussure des gentilshommes de celle du *vulgum pecus*.

Les vertugadins du xvie siècle ressuscitaient sous le nom de *paniers;* ils reçurent d'autres noms qui caractérisent les mœurs du temps, les *boute-en-train*, la *gourgandine*, le *tâtez-y*.

Un certain Panier, maître des requêtes, se

noya dans une traversée de la Martinique en France; son nom se popularisa, et les dames se plaisaient à dire :

— Comment trouvez-vous mon *maître des requêtes?*

Les petits paniers du matin s'appelaient des *considérations.*

On portait, avec les paniers, des corps de baleine, des robes à ramages, des manches courtes garnies d'engageantes à triples rangs festonnés; des queues traînantes, et des talons élevés. Le négligé le plus simple était un *casaquin* ou *pet-en-l'air,* dont les basques tombaient sur le panier.

Quelquefois, les femmes, retroussant leurs robes, en engageaient les extrémités dans les ouvertures des poches. Les bourgeoises, quand elles ne se servaient pas de sacs ou *ridicules,* ajoutaient sur leurs paniers des poches en crin nommées *poupottes.*

C'est principalement dans les annales dramatiques qu'il faut chercher les vestiges des modes oubliées.

Dans une pièce de Fuzelier, *la Mode,* donnée au Théâtre Italien, le dimanche 21 mai 1719, la déesse, ayant un moulin à vent sur l'oreille, est vêtue d'un habit de papier dont les jupes

sont soutenues par un panier. Parmi les placets
que lui adressent ses sujets, on remarque les
suivants :

« A très-haute et très-puissante la Mode,
réformatrice perpétuelle des tabatières, falbalas,
fichus, coiffures, et même des physionnomies ;
présidente des bonnes tailles, et directrice générale des finances du royaume féminin ; supplie
humblement :

» Barbe Bien-Cousue, maîtresse couturière
disant qu'elle a inventé de nouveaux paniers à
ressort, qui augmentent à mesure qu'une fille
prend sur son compte la rondeur de sa taille.

» Gilles César, anspesade dans le régiment
nocturne de la bonne ville de Paris et maître
boutonnier dans les faubourgs d'icelle, demande
un privilége exclusif ; disant que, comme ce
n'est plus la mode de faire de gros boutons, il
a trouvé le secret d'en faire de si petits, qu'on
ne peut se boutonner qu'avec un microscope.

» Demoiselle Mousseline, lingère du palais,
dit que, les dames s'étant bien trouvées de s'être
donné des habits de papier, elle a, pour leur
commodité, fait faire des chemises de la même
espèce. »

Dans la *Tête noire*, farce de le Sage, repré-

sentée à la foire Saint-Laurent, le 31 juillet 1721, Arlequin, veut écarter les préten-
dants qui rôdent autour de la nièce de son
maître, en se faisant passer pour elle. Il se
déguise en femme.

« — Çà, dit-il, changeons de décoration.
Voilà peut-être la première fois qu'on s'est mis
à une toilette pour s'étudier à déplaire aux
hommes! »

Il arrange sa toilette, crache sur le miroir,
l'essuie, se met sur un placet (siége sans bras
et sans dossier), prend un peigne et dit :

« —Commençons par nous faire un *tignon en
cul de barbet !* »

Il fait comme s'il se peignait le derrière de
la tête, et, s'arrêtant tout à coup :

« — Mais non, je n'y pense pas ; je suivrais la
mode : ce n'est pas le moyen de déplaire à des
yeux français. Enluminons nos joues. »

Il se met du rouge sur une joue et du blanc
sur l'autre. Il regarde ensuite les spectateurs et
dit :

« — Il me semble que cela n'est pas mal. Mettons à présent notre coiffure. »

Il prend une petite coiffure à la mode; il
l'examine et la retourne de tout côté, en disant :

« — Quel diable d'escofion! quel colifichet! »

Il la met sur sa tête, et, après s'être regardé dans le miroir :

« — Morbleu! que fais-je? je me coiffe en oreille de chien! S'agit-il donc ici de faire des conquêtes? Voyons s'il n'y a pas là d'autre coiffure. »

Il en trouve une autre qui est à l'ancienne mode, fort élévée.

« — Bon! Voici des tuyaux d'orgue. »

Il se la met sur la tête, se lève et vient sur le devant du théâtre se faire voir.

« — Quel drôle d'air cela me donne! Je ressemble à une coquesigrue... Ma foi, le tout bien considéré, je reviens à la première. »

Il retourne à sa toilette, et examine tout ce qu'il y a dessus.

« — Qu'est-ce que c'est que tout ceci? Une *crevée*, un *solitaire*, une *follette*, des *maris*, une *bagnolette*! Si j'étais sûr qu'il ne vînt point de petits-maîtres me voir, je pourrais me servir de tout cela; mais... parbleu! tout coup vaille, mettons-nous à la mode. »

Il se met tous ces ajustements.

« — Allons, ma jupe, à présent... La voici. Diable! c'est une *criarde*! Mais n'est-ce point plutôt un *gaillard?* Non, ma foi, c'est un vrai *panier.* »

Il met ce panier, qui est d'une largeur outrée.

« — Malepeste ! quel contour ! »

Et, en mettant la jupe :

« — Je suis aussi large par le bas que Georges d'Amboise. »

Il fait plusieurs lazzi en achevant de s'habiller ; après quoi, il se regarde dans le miroir, et chante :

> Ah ! vous avez bon air,
> Bon air vous avez !

Les paniers sont le titre et l'objet d'une comédie de Legrand, jouée à Chantilly devant le roi, le 5 novembre 1722, et à la Comédie italienne, le 25 février 1723. Valère et son valet Merlin, cachés sous les paniers qu'apporte la veuve Fricfrac, s'introduisent chez madame de Préfané, pour enlever sa nièce Isabelle. De complicité avec une autre marchande, madame Vertugadin, l'avocat Sottinot emploie la même ruse. Isabelle se glisse sous un panier et s'enfuit avec le panier Valère, pendant que Merlin et Sottinot sortent de leur prison d'osier pour se prendre aux cheveux.

L'acte finit par un vaudeville dont nous cite-
rons ce couplet :

> La vieille Aminthe au teint usé
> A fait recrépir son visage ;
> A l'aide d'un tignon frisé
> Elle croit nous cacher son âge.
> Cette folle, avec son panier,
> A l'air du colosse de Rhode,
>   Et dit pour se justifier :
>   « Il faut suivre la mode. »

Nous reproduirons encore, comme éclair-
cissant la question qui nous occupe les réflexions
que fait le fermier de madame de Préfané :

« GUILLAUME. — Morgué ! les femmes de
Paris sont bien changeantes ! il y a trois ans
que je n'y étois venu, et je n'y ai quasiment
rien reconnu. Je ne parle pas des visages, car
ce n'est pas d'aujourd'hui qu'on en change
comme on veut ; mais, morgué ! celles qui
étoient blondes sont devenues brunes ; celles
qui avoient de grands cheveux n'ont plus que
des têtes de barbet ; celles qui avoient des clo-
chers sur la tête sont raccourcies d'un pied et
demi, et celles qui étoient menues comme des
fuseaux sont à présent rondes comme des
tours.

» DORINETTE. — Que veux-tu! il faut sui-vre la mode. »

Le document le plus curieux que nous pos-sédions sur les paniers se trouve dans le *Nou-velliste universel*, du 21 août 1724.

C'est une instruction par demandes et par réponses :

» *Dem.* Qu'est-ce que les *paniers?*

» *Rép.* Ce sont des cloches de toile, soutenues par des cercles de baleine que les femmes por-tent sous leurs jupes, et dont leurs pieds semblent être les battants.

» *Dem.* Quelle est l'origine des paniers?

» *Rép.* Ils doivent leur naissance à dame Ra-gonde, femme de Polichinelle, prince des ma-rionnettes. Cette femme, se plaisant à cacher ses enfants, dont elle avait un grand nombre, inventa cet ajustement sur le modèle des cages à pou-lets.

» *Dem.* Les paniers sont-ils commodes?

» *Rép.* Au contraire, ils sont incommodes en toutes manières : incommodes dans les rues pour les passants, par le grand terrain qu'ils occu-pent; incommodes dans les carrosses, puisque deux paniers remplissent un carrosse à deux fonds ; incommodes pour les prédicateurs, dont ils diminuent l'auditoire par l'espace qu'ils prennent dans les églises; incommodes à table, où ils blessent les jambes des convives ; incommodes aux personnes mêmes qui les portent, puisqu'elles ne peuvent ni s'asseoir, ni monter, ni descendre, ni même marcher en compagnie sans leur faire faire une grimace souvent indiscrète.

» *Dem.* A quelles personnes les paniers peuvent-ils être séants ?

» *Rép.* A personne, surtout aux femmes de petite taille, qu'ils enflent si fort, qu'elles ont l'air d'un ballon.

» *Dem.* Les paniers ne sont-ils pas utiles aux femmes et aux filles pour dérober aux yeux du public quelque difformité, par exemple, pour cacher des genoux déboîtés, des jambes torses et des pieds mal faits et mal placés ?

» *Rép.* Non, certainement, puisqu'en saisissant le moment du balancement du panier, quand la personne qui le porte marche ou agit, on voit les pieds, les jambes et les genoux.

» *Dem.* Combien y a-t-il de sortes de paniers ?

» *Rép.* De plusieurs sortes : il y en a qui sont faits en gondole, et qui donnent à la personne qui en porte la figure d'une porteuse d'eau.

» Il y en qui ne sont pas plus larges par le bas que par le haut, et dans lesquels une femme est comme dans un tonneau.

» Il y en a que l'on nomme *cadets,* parce que, ne descendant que deux doigts au-dessous du genou, ils sont privés de leur légitime grandeur.

» Il y a des paniers à *bourlets*, appelés ainsi, parce qu'ils ont en bas un gros bourlet qui sert à faire évaser la jupe.

» Il y en a, enfin, qu'on nomme *fourrés*, parce qu'ils sont destinés à garnir les hanches et la croupe des femmes pour qui la nature a été avare de ce côté-là ; ils ont été inventés depuis que les *culs de Paris* ne sont plus à la mode. En un mot, on est revenu de cette idée qui a fait aimer si longtemps, aux courtisans du beau sexe, un port dégagé et une taille fine et mignonne. On aime à présent tout ce qui est *gros* : un *gros* équipage, un *gros* bien, une *grosse* table, une *grosse* femme et même les gens *grossiers,* pourvu qu'ils aient un *gros* argent. »

Quel était le véritable but de cette mode ridicule des paniers, et du succès prolongé qu'ils obtinrent ? S'il faut en croire quelques autorités contemporaines, ce succès se rattacherait au dévergondage des mœurs, et n'aurait été dû qu'au besoin où se trouvaient bon nombre de dames de cacher aux yeux les suites de leurs faiblesses. Le *Mercure de Paris,* du mois de décembre 1725, le dit avec une crudité qui ne serait plus, de nos jours, admissible dans un recueil périodique :

ÉNIGME.

Je suis d'invention nouvelle;
Mon nom n'est pourtant pas nouveau.
Je sais en apparence ajuster au niveau
La femme grosse et la pucelle.
En province, comme à la cour,
Mon art a paru nécessaire
Pour répandre un nouveau mystère
Sur les mystères de l'amour.
Le tempérament le plus sage,
Après avoir bien combattu,
A la faveur de mon usage,
Fait souvent brèche à sa vertu.
Le beau sexe, plein d'inconstance,
M'inventa pour s'armer, contenter ses désirs,
Et cacher à la médisance
Le revenu de ses plaisirs.

XII

Avec les vertugadins, la Régence reprit, au
xvie siècle, le jeu oublié du bilboquet. Marie-
Antoinette Desmares, qui remplissait au Théâtre-
Français les rôles de soubrette, jouait les pièces
de Molière un bilboquet à la main. Puis vint la
mode des pantins : nobles, bourgeois, abbés, ma-
gistrats avaient dans leurs poches de petites ma-

8

rionnettes de carton, qu'ils faisaient sautiller dans les cercles.

> D'un peuple frivole et volage,
> Pantin fut la divinité.
> Faut-il être surpris s'il chérissait l'image
> Dont il est la réalité ?

Marie Leczinska, mariée à Louis XV, le 5 septembre 1725, mit en vogue les *hongrelines*, les robes à la *polonaise,* à la *hongroise,* garnies de *brandebourgs.* En 1729 apparurent les mantilles de velours, de satin, d'hermine ou de toute autre fourrure, dont on nouait sur la taille les deux pointes, terminées par des glands de passementerie.

L'usage des mouches se généralisa. Toutes les dames avaient leur boîte à mouches, dont le couvercle était intérieurement garni d'un miroir.

On en comptait sept principales :

Au coin de l'œil, la *passionnée ;*

Au milieu de la joue, la *galante ;*

Au coin de la bouche, la *baiseuse ;*

Sur un bouton, la *recéleuse ;*

Sur le nez, l'*effrontée ;*

Sur les lèvres, la *coquette ;*

Une mouche ronde, une *assassine.*

En écrivant au maréchal d'Estrées, relative-

ment aux opérations de la campagne de 1757,
madame de Pompadour lui marquait sur le plan,
avec des mouches, les différents postes qu'elle
lui conseillait de défendre ou d'attaquer.

Toutes les modes du règne de Louis XV
sont des symptômes d'inconstance et de frivolité.
Pendant que des philosophes graves ou railleurs
préparent la Révolution, le monde aristocra-
tique semble se dire avec le roi : « Bah ! cela
durera autant que moi! » Les nouveaux enri-
chis, les financiers étalent une magnificence
inouïe.

Les brodeurs, vernisseurs, bijoutiers, marchands d'odeurs, fabricants d'étrennes, com-
positeurs de desserts figurés, ouvriers en lus-
tres ne peuvent suffire aux commandes. Les
spectacles, les pompes, les salons, les romans,
la frisure, la danse et les arts futiles sont pré-
férés aux sciences et aux études sérieuses, qui
comptent toutefois des adeptes auxquels appartient l'avenir.

Le caractère de l'époque nous paraît avoir
été merveilleusement saisi par un auteur peu
connu, quoiqu'il ait été loué par Voltaire, l'abbé
Coyer, dans sa *Découverte de l'île Frivole*.

« Un homme, dit-il, à qui bien des gens viennent

souhaiter le bonjour, et qui ne le souhaite à personne, qui voit beaucoup d'étoffes et de bijoux
dans la matinée, qui fait répéter aux glaces des
magots de grand prix, qui a quantité de chiens
et de chevaux, qui fait de grands repas dans un
salon bien verni, et qu'on applaudit toujours, cet
homme est appelé *grand* chez les Frivolites, et on
lui doit de grands respects, de la politesse aux
autres; elle est l'âme des Frivolites, la politesse.
Il vaudrait mieux avoir trahi son ami, que
d'estropier un compliment. Un homme vraiment
poli a un bonnet pour ne jamais se couvrir; il
dessine bien une révérence, et n'appelle pas sa
femme *ma femme.* Cette élégance de mœurs, si
répandue dans le beau monde, a passé au
peuple.

« Une marchande mêle à son commerce des
manières, des propos, des grâces, qui séduisent
les bourses; l'artisan s'est poli avec ses ou-
vrages; le domestique sait qu'on le prend bien
moins pour le service utile, que pour le service
brillant : il s'y ajuste, et, lorsque, du derrière
du carrosse, il passera dedans, il ne sera pas
déplacé. Il faut être bien familier avec les usages
pour ne pas se méprendre entre la femme qui
sert et la maîtresse qui est servie. Les arts d'a-
grément, la danse, la musique, la parure, sont

descendus à tous les étages. Encore quelques nuances, et il ne manquera au peuple, pour être de bonne compagnie, que de pouvoir dire : *Mes gens, mon hôtel, mes terres, mes aïeux.*

» Les Frivolités ont porté cette élégance de mœurs jusqu'au sein de la religion. La bonne compagnie va quelquefois dans les temples pour passer le temps; elle s'y occupe à se saluer, à se regarder, à décider des visages et des étoffes... La conversation des Frivolites ressemble à leurs boutiques de modes : c'est une broderie sur de jolis riens, une garniture d'équivoques, une bigarrure de questions qui n'attendent pas les réponses, un assortiment de plaisanteries dont on rit toujours par provision, sauf à chercher après de quoi l'on a ri. »

En 1748, un rhinocéros est amené de Sumatra à Paris, et, soudain, dit la correspondance de Diderot, « les femmes le font passer de son étable sur leurs têtes. Toutes les parties de la parure prennent son nom, et il n'y a point de femme comme il faut qui ne porte trois ou quatre *rhinocéros.* »

Les plans économiques de M. de Silhouette, nommé contrôleur général des finances, le 15 avril 1755, sont tournés en ridicule par la

sécheresse des modes et des dessins à la *silhouette.*»

Ramponneau, cabaretier nivernais, établi aux
Porcherons, vers 1763, a l'honneur de recevoir
les plus hauts personnages, et de consacrer les
modes à la *Ramponneau.*

Tout est à la *grecque* en 1764. Les cheveux
crêpés, relevés en toupet, surmontés d'un bonnet, hérissés de fleurs et de plumes, composent
la coiffure à la *grecque*. L'arrangement des chevelures est tellement compliqué, qu'il faut en
tracer les règles. Beaumont publie une *Ency-
clopédie perruquière*, ouvrage curieux à l'usage
de toutes les têtes. Le coiffeur Legros présente
à Mesdames de France l'*Art de la coiffure des
dames françaises*, et institue une Académie de
coiffure, qui prospérait lorsqu'il mourut, le
50 mai 1771, étouffé dans la foule, aux fêtes du
mariage du Dauphin et de Marie-Antoinette
d'Autriche. Un autre coiffeur, Léonard, conçut
l'idée de remplacer les bonnets par des chiffons
distribués dans les cheveux, et employa jusqu'à
quatorze aunes de gaze sur la tête d'une seule
femme.

Des chapeaux à la *wauxhall du faubourg
Saint-Germain* rappellent la vogue qu'obtint cet
établissement, ouvert le 5 février 1770. Les che-

veux, dans la coiffure à la *dauphine*, étaient relevés et roulés en boucles qui descendaient sur la nuque. Les coiffures à la *monte-au-ciel* étaient remarquables par leurs dimensions. Les coiffures d'*apparat* ou *loges d'Opéra,* créées en 1772, avaient jusqu'à soixante-douze pouces de hauteur ; elles se divisaient en deux parties, au centre desquelles s'étalait un large ruban ; trois plumes se balançaient au côté gauche de cet échafaudage.

La comète que les astronomes signalèrent en 1773 fit naître les coiffures à la *comète,* dont les rubans étaient couleur de feu. Un faisceau de plumes flottait derrière la tête, dans la coiffure à la *quésaco,* inventée en 1774.

Quelquefois, on disposait les cheveux en zones séparées par des perles, des diamants, des guirlandes de fleurs. La coiffure à l'*urgence* consistait en un chapeau de paille, entouré d'un ruban violet, qu'assujettissait par devant une riche agrafe, et qui formait une large rose par derrière. Une plume appelée *follette,* plantée au milieu de quatre plumes blanches, dominait cette sorte d'ombrelle, sous laquelle on disposait les cheveux à la *conseillère,* relevés sur le front, et roulés sur les côtés en boucles dont les deux plus grosses serpentaient sur les épaules. La coiffure en *cabriolet*, moins compliquée et de préparation plus facile, était l'apanage des mères de famille.

Le *pouf au sentiment* régnait à la cour: c'était une macédoine d'ornements divers accumulés dans les touffes de la chevelure. On y faisait entrer des papillons, des oiseaux, des Amours de carton peint, des branches d'arbre et même des légumes. Madame la duchesse de Chartres, Louise-Marie-Adélaïde de Bourbon-Penthièvre, mère du roi Louis-Philippe Ier, portait, au mois d'avril 1774, un *pouf* sur lequel on voyait le duc de Beaujolais, son fils aîné, dans les bras de sa nourrice, un perroquet becquetant une cerise, un petit nègre, et des dessins composés avec les cheveux des ducs d'Orléans, de Chartres et de Penthièvre. (Mémoires de Léonard, tom. I, pag. 304.)

La mythologie était à l'ordre du jour. Les poëtes étaient des favoris d'Apollon; ils erraient sur les bords du Permesse, montaient le fier Pégase, et buvaient aux ondes Aganippides. Le soleil ne se couchait plus; mais l'astre du jour se précipitait dans le sein d'Amphitrite; les faunes et les dryades peuplaient les bois. Les femmes, désignées sous les pseudonymes d'Églé, de Zulmis, de Glycère, de Zirphé, de Climène, étaient invariablement comparées à la déesse de Cythère.

Chose étrange à penser ! ce compliment s'adressait à des créatures défigurées par les mouches, les paniers, la poudre, le rouge, les rhinocéros, les loges d'Opéra, les poufs ! c'était à une dame ainsi travestie à la grecque, empanachée, constellée d'assassines, affublée d'une *gourgandine,* que s'adressaient des vers tels que ceux-ci :

> Vous qui fixez sur vos brillantes traces
> Les Ris badins, les Amours ingénus,
> Et qui pourriez, par de nouvelles grâces,
> Mieux que Psyché, l'emporter sur Vénus.

On aurait pu croire que la folie des modes avait atteint ses dernières limites ; mais elle prit un nouvel essor sous le gouvernement de Louis XVI.

Le peuple était presque étranger à ces transformations ; cependant les ouvriers des villes et les agriculteurs aisés avaient adopté la poudre et la culotte courte. Les grosses fermières se permettaient le tignon frisé, le mantelet, les robes à ramages, et des paniers de dimensions modestes.

La pénurie de la classe inférieure contrastait tristement avec le luxe de la cour.

« Les souliers de gros cuir, écrivait Constant d'Orville en 1774, dans le tome III des *Mélanges tirés d'une grande bibliothèque*, sont même regardés comme un luxe par la partie misérable de la nation, qui se trouve heureuse lorsqu'elle peut en avoir dont les semelles soient fortes, épaisses et garnies de clous. Dans quelques provinces, les paysans ne sont chaussés que de sandales, galoches, ou souliers de cordes ou de courroies; dans d'autres, les hommes et les femmes portent des sabots. »

XIII

— Bizarrerie des modes sous Louis XVI. — Les panaches. — Coiffures à l'oiseau royal, au hérisson, etc., etc. — Modes à la Jeannot. — Lévites. —
Étranges dénominations des couleurs. — Modes à la
Marlborough, à la harpie, etc. — Curieuse citation
de madame de Genlis. — Modes anglaises. —

Pour fêter l'avénement de Louis XVI, on
imagina les chapeaux aux *délices du siècle d'Au-
guste,* les couleurs *cheveux de la reine, cuisse
de la reine,* les coiffures *au temps présent,* bonnets très-serrés, enjolivés d'épis et surmontés
de deux cornes d'abondance.

Jamais, quoique le roi donnât l'exemple de la simplicité, les modes ne furent plus variées, plus bizarres, plus capricieuses.

Marie-Antoinette exagéra la mode des panaches.

« Quand elle passait dans la galerie de Versailles, disent les Mémoires de l'abbé Soulavie, on n'y voyait plus qu'une forêt de plumes élevées d'un pied et demi, et jouant librement au-dessus des têtes. Mesdames tantes, qui ne pouvaient se résoudre à prendre ces modes extravagantes, ni à se modeler chaque jour sur la reine, appelaient ces plumes un *ornement de chevaux.* »

La fureur des plumes fut poussée au point qu'on en payait cinquante louis la pièce. Si l'on en croit madame Campan, « les mères et les maris murmuraient, et le bruit général était que la reine ruinerait tous les dames françaises; elles ne trouvaient plus de voitures assez élevées pour s'y placer; on les voyait souvent pencher la tête à la portière; d'autres prenaient le parti de s'agenouiller pour ménager d'une manière encore plus sûre le ridicule édifice dont elles étaient surchargées. »

Ce fut encore à Marie-Antoinette qu'on dut les coiffures qui représentaient des jardins à l'anglaise, des montagnes et des forêts. On composerait assurément plusieurs volumes du recueil des coiffures de 1774 à 1789. — Il y a, entre autres :

Les grecques à boucles badines ;

L'oiseau royal ;

Le hérisson ;

Le demi-hérisson ;

Le chien couchant ;

Les chapeaux à l'énigme,

A la Pensacola,

A la Saint-Malo,

A la Sainte-Albine,

A la Mont-Désir,

A la Zinzarra,

A l'économie du siècle,

Au désir de plaire,

A la Minerve ;

Les poufs à la reine,

A la Junon,

A la Pierrot ;

Les parterres galants ;

Les calèches retroussées ;

Les thérèses à la Vénus Pèlerine ;

Les bonnets au becquet,

Au levant,

Aux bouillons,

A la paysanne,

A la turque,

A l'espagnole,

A la béarnaise,

Au diadème,

Aux clochettes,

A la physionomie ;

Les bonnets anonymes ;

Les cornettes à la laitière ;

Les baigneuses à la frivolité ;

Les coiffures à l'assyrienne,

A la candeur,

Au berceau d'amour,

A la jardinière,

A la marmotte,

A la Polymnie,

Au mirliton, etc.

Aucune description ne saurait donner une idée de ces immenses échafaudages de cheveux crêpés, bouclés, chamarrés de plumes, de rubans, de gaze, de guirlandes, de perles et de diamants. Les têtes furent tellement bouleversées, que l'honorable corporation des barbiers, perruquiers, baigneurs, étuvistes, ne suffisait plus à les accommoder. Les coiffeurs de dames

leur firent une formidable concurrence, et enta-
mèrent un long procès pour obtenir le droit de se
constituer en corps d'état.

Le procureur Bigot de la Boissière rédigea
une requête au parlement en faveur des nouveaux
venus, dont l'existence fut enfin autorisée par
déclaration du 18 août 1779, enregistrée au
parlement le 2 septembre, et par arrêt définitif
du 24 juin 1780.

Singulière société! elle semblait pressentir
l'orage et se hâter de jouir des derniers jours
qui lui restaient ; elle gaspillait sa vie et son or,
comme si elle eût deviné qu'elle allait perdre
l'une et l'autre ; elle s'étourdissait sur les me-
naces de l'avenir par les folles joies, les fêtes,
les dilapidations du présent.

Il n'y a point de victoire, point de changement politique, point de pièce nouvelle, point
d'événement d'un peu d'importance, qui n'ait
amené quelque singularité somptuaire, quelque
ajustement inédit, quelque combinaison fan-
tasque de frisures, de bouillons ou de falbalas.

Pendant l'hiver de 1777, d'élégants traîneaux
sillonnèrent les boulevards, et l'on vit des modes
au traîneau.

Les victoires de la guerre de 1778 furent
célébrées par les modes :

A l'insurgente,

A la Boston,

A la Philadelphie,

A la grenade,

A la victoire,

Au glorieux d'Estaing,

A la Belle-Poule.

La frégate de ce nom, qui avait figuré glorieusement dans le combat naval du 1er juin 1778, parut sur la tête des dames, avec ses mâts, ses agrès et ses batteries.

Les bonnets à l'électricité, les chemises à la Mesmer, attestent l'impression produite par le magnétisme naissant.

M. de Sartine, lieutenant général de la police, puis ministre de la marine en 1778, donna le modèle des perruques à la Sartine.

Necker, en traçant un exposé des ressources de l'État, le 28 octobre 1778, donna naissance à la coiffure au *compte rendu*.

La coiffure à l'Iphigénie en Tauride fut un hommage rendu au musicien Gluck, qui fit représenter cet opéra le mardi 21 mai 1779.

Les bonnets à la Voltaire, à la Sémiramis, signalèrent la présence de Voltaire à Paris.

Une farce de Dorvigny, *Jeannot, ou les Battus payent l'amende*, jouée avec un succès colossal sur le théâtre des Variétés-Amusantes, le 16 septembre 1779, enfanta les modes à la Jeannot.

Les hommes, en 1780, portèrent l'habit à basques pointues, à collet droit ou à châle. Il était, d'ordinaire, cannelé rose et bleu, vert et blanc, avec une doublure jaune, ou bien de peluche rouge, avec une doublure noire. Le tricorne, la culotte de calmande, le gilet de tricot chiné, les bas blancs à côtes complétaient l'ajustement.

En 1781, les lévites furent imitées, suivant les mémoires de Bachaumont, « de ces robes majestueuses des enfants de la tribu consacrée à la garde de l'arche. » La comtesse de Faucourt parut, le 2 juin, au Luxembourg avec une *lévite à queue de singe*. La singularité de cet appendice long et tortillé attira une foule si compacte, que les suisses de Monsieur, craignant une émeute, invitèrent la comtesse à sortir du jardin.

L'heureuse délivrance de Marie-Antoinette, le 21 octobre 1781, fut fêtée par la création de la couleur *caca-Dauphin*; les coiffures au *Dauphin*, aux *relevailles de la reine*. Elles éclipsèrent :

Les coiffures en colimaçon,
Les bonnets à la Henri IV,

9

A la Gertrude,

Aux navets,

Aux cerises,

A la Fanfan,

Aux sentiments repliés,

A l'esclavage brisé,

A la Thisbé,

A la sultane,

A la corse,

Au Colin-Maillard.

Des cendres de la salle du Palais-Royal, incendiée le 9 juin 1781, sortent les couleurs *feu* et *fumée d'Opéra*.

On fit, en ce temps, une bizarre imitation du *noble jeu de l'oie:* le jeu *des costumes et des coiffures des dames.* La *Belle-Poule* était le numéro 63, le point gagnant. Les autres stations étaient la *calèche,* le bonnet aux *clochettes,* etc.

Le développement qu'on donnait aux bonnets au *parc-anglais,* en 1781, n'est pas moins incompréhensible pour nous que le changement d'une frégate en chapeau. Les cheveux, irrégulièrement disposés, formaient des collines sur lesquelles des moulins à vent tournaient; puis des bosquets et des taillis que battaient les chasseurs, des plaines arrosées par des ruisseaux

au bord desquels les moutons paissaient sous
l'œil des bergères. « On inventa, dit Mercier
(chapitre CLXVIII), un ressort qui élevait et
abaissait ces machines. »

Nous avons lieu d'être également surpris des
noms adoptés pour désigner certaines nuances,
dont voici la nomenclature d'après le chapitre XVII,
des *Manières :*

Puce ;
Dos de puce ;
Ventre de puce en fièvre de lait ;
Soupir étouffé ;
Cuisse de nymphe émue ;
Larmes indiscrètes ;
Merde d'oie ;
Boue de Paris ;
Carmélite ;
Ventre de carmélite ;
Entraves de procureur ;
Entrailles de petit-maître.

Les Mémoires de Bachaumont (tom. XX,
p. 203) fixent à 1782 l'apparition des croix à
la Jeannette.

Au commencement de 1785, Marie-Antoinette mit à la mode une vieille chanson qu'elle
avait entendu chanter à une nourrice. Toutes
les voix répétèrent l'air de *Marlborough* ; tous

les couplets satiriques furent sur l'air de *Marlborough* ; tout le monde se vêtit à la *Marlborough* ; il fallut fréter un paquebot pour expédier en Angleterre des ajustements à la *Marlborough*, demandés par la petite-fille du maréchal de ce nom, à mademoiselle Rose Bertin, marchande de modes de Marie-Antoinette.

« Depuis la chanson, écrivait Bachaumont, Marlborough est devenu le héros de toutes les modes ; tout se fait aujourd'hui à la *Marlborough*. Il y a des rubans, des coiffures, des gilets, mais surtout des chapeaux à la *Marlborough*, et l'on voit toutes les dames aller dans les rues, aux promenades, aux spectacles, affublées de ce grotesque couvre-chef, sous lequel elles se plaisent à enterrer leurs charmes, tant la nouveauté a d'empire sur elles. »

A la suite des ballons, inventés au mois de juillet 1783, vinrent les modes

Au ballon,
A la Montgolfier,
Au globe de Robert,
Au globe de Paphos,
Au ballon de la redoute chinoise.
Le succès du *Mariage de Figaro*, représenté

le 27 avril 1784, inaugura les modes à la *Chérubin* ;

Les *justes* à la *Suzanne* ;

Les *justes* au *Figaro parvenu*.

D'autres pièces en vogue enfantèrent les bonnets à

A la Basile,

A la Tarare,

A la Randan,

Aux amours de Bayard,

A la caravane,

A la veuve du Malabar,

A la Brouette du vinaigrier.

Au mois d'octobre 1784, la Caisse d'escompte ayant suspendu ses payements, on confectionna des chapeaux à la *caisse d'escompte*, c'est-à-dire *sans fond*.

Vers cette époque parurent les robes à la turque, à la musulmane ;

Les étoffes espagnolettes, musulmanes, circassiennes ;

Les fourreaux à l'Agnès ;

Les chemises à la Jésus.

La *harpie* éclipsa brusquement toutes les autres modes. On avait, disait la notice publiée le 16 octobre 1784, trouvé au Chili un monstre ayant deux cornes, des ailes de chauve-souris, des cheveux et une figure humaine. Il mangeait par jour un bœuf ou quatre cochons. Le portrait en fut gravé, et chacun se vêtit à la *harpie*.

Hoffmann, rédacteur des *Petites-Affiches*, dit peu galamment :

> A la harpie on va tout faire,
> Rubans, lévites et bonnets ;
> Mesdames, votre goût s'éclaire :
> Vous quittez les colifichets
> Pour des habits de caractère.

Un anonyme répondit à cette sanglante épigramme .

> La harpie est un mauvais choix ;
> Passons sur ce léger caprice ;
> Mais dans les modes quelquefois
> Le sexe se rend mieux justice
> En suivant de plus dignes lois.
> Mesdames, j'ai vu sur vos têtes
> Les attributs de nos guerriers ;
> On peut bien porter leurs lauriers,
> Quand on fait comme eux des conquêtes.

En 1785, les paniers se rétrécirent brusquement.

Mademoiselle Clairon opéra une révolution en osant jouer sans paniers Zaïre et Chimène.

Les paniers furent remplacés par les *jupons grossis*, les *bouffantes*, les *jupons ébaubis* et les *tournures*. On donnait à ces dernières un nom moins décent, que notre délicatesse nous interdirait de reproduire, s'il n'était écrit en toutes lettres, *cum commento*, dans les Mémoires d'une pieuse dame connue pour la rigidité de ses principes, et la morale pure de ses livres d'éducation.

Laissons parler madame de Genlis :

« Madame de Matignon, arrivant de Naples, fut obligée d'aller sur-le-champ à Marly, où était la cour ; elle ne s'arrêta à Paris que pour y coucher. Elle n'y avait vu que deux ou trois personnages très-graves qui n'avaient pas imaginé de la mettre au fait des modes nouvelles. Il s'en était établi une, devenue universelle depuis douze à quinze jours. Cette mode, qui n'avait rapport qu'à l'habillement des femmes, consistait à se mettre par derrière, au bas de la taille, et sur la *croupe*, un paquet plus ou moins gros, plus ou moins *parfait de ressemblance*, — les italiques sont de madame de Genlis, — auquel on donnait sans détour le nom de *cul*. Madame de

Matignon ignorait complétement l'établissement de cette singulière mode. Elle n'arriva à Marly que pour se coucher ; on la logea dans un appartement qui n'était séparé de celui qu'occupait madame de Rully que par une cloison très-mince et une porte condamnée. Qu'on se figure, s'il est possible, la surprise de madame de Matignon, lorsque, le lendemain, deux heures après son réveil, elle entendit chez madame de Rully madame la princesse d'Hénin, qu'elle reconnut à la voix, et qui sur-le-champ dit :

« — Bonjour, mon cœur, *montrez-moi votre cul...* »

Madame de Matignon, pétrifiée, écouta attentivement. Madame d'Hénin, reprenant la parole, s'écria, avec le ton de l'indignation :

« — Mais, mon cœur, il est affreux, votre cul, étroit, mesquin, tombant ; il est affreux, vous dis-je ! En voulez-vous voir un joli ? Tenez, regardez le mien. »

— Ah ! c'est vrai, reprit madame de Rully avec l'accent de l'admiration. Regardez donc, mademoiselle Aubert (c'était sa femme de chambre, présente à cette scène) : il est réellement charmant, le *cul* de madame d'Hénin ! comme il est rebondi ! le mien est si plat, si maigre ! .. Ah ! le joli, le joli *cul !*...Voilà comme il faut avoir un *cul* quand on veut réussir dans le monde ! »

Des *polonaises* à jupes courtes naquirent, en 1786, les *casaquins* appelés *caracos*. Aux *caracos zélandais* succédèrent les *caracos* à la *cauchoise* ou à l'*innocence reconnue*, en l'honneur de Marie-Françoise-Victoire Salmon, acquittée, au mois de juin, d'une accusation d'empoisonnement, sur la plaidoierie de maître Cauchois.

Ces caracos étaient de *pékin* lilas, garnis de collets, de revers et de parements vert-pomme, et boutonnés avec des boutons de nacre.

Marie-Antoinette sacrifia ses cheveux à la suite d'une couche, et la *chevelure à l'enfant* régna sur les ruines des hautes coiffures. On la couvrait, en 1786, du *chapeau-bonnette*, l'un des plus singuliers qu'ait imaginés le mauvais goût.

La partie supérieure avait exactement la forme d'un pain de munition, et les bords, plissés en larges tuyaux aplatis sur les tempes, s'allongeaient en auvent sur le front et sur la nuque, que surmontaient des plumes et des fleurs nouées avec un ruban à l'*arc-en-ciel*.

Les hommes avaient des chapeaux à la *hollandaise*, à l'*anglo-américaine*, à la *jockey*, à l'*an-*

dromane, à l'*indépendant;* leurs cheveux, tressés, bouclés, mis en queue ou nattés à la *Panurge*, étaient surchargés de poudre et de pommade.

La poudre régnait sur toutes les classes : clercs de procureur, domestiques, cuisiniers, marmitons étageaient leurs boucles et dressaient leurs toupets poudrés.

On trouvait cela naturel, et l'auteur du *Mode français*, Jean-François Sobry, dit gravement :

« L'usage de la poudre dans la chevelure tient autant à la bienséance qu'à la commodité, et il a été regardé comme de *première nécessité* chez tous les peuples policés.

Les élégants faisaient broder sur leurs gilets des chasses, des vendanges, des pastorales, des régiments de cavalerie, des caricatures, des scènes de la *Folle par amour* ou de *Richard Cœur-de-lion*. Les boutons, de deux pouces de diamètre au moins, contenaient, sous verre, des miniatures, les portraits des douze Césars, des statues antiques, les métamorphoses d'Ovide, des rébus, des chiffres entrelacés et même des collections de fleurs ou d'insectes.

Peu de temps avant la prise de la Bastille, une métamorphose soudaine s'opéra. Les hommes endossèrent le sévère habit noir avec le *claque*; les femmes se contentèrent de chapeaux de paille et de fichus unis. Longtemps les Anglais nous avaient copiés, et, pendant l'administration de Colbert, les colifichets, les folies et les frivolités du luxe français coûtaient annuellement à la Grande-Bretagne cinq à six milliards de livres sterling. A notre tour, nous prîmes pour modèles les Anglais, leurs fracs, leurs chapeaux ronds, leurs épées à poignée d'acier, leurs *riding-coats* à triples collets. Les femmes se coiffaient de chapeaux à *l'anglaise* et à la jockey; elles mettaient des robes à l'anglaise, de popeline, de moire, de tulle ou de linon d'Angleterre. Elles vendaient leurs diamants pour acheter des petits grains d'acier et des verroteries anglaises.

Au commencement de 1789, de fières ama-zones couraient aux Champs-Élysées en redingote et en chapeau noir, une canne ou une cra-vache à la main. Elles poussèrent l'imitation du costume masculin jusqu'à lier leurs che-veux en *cadogan*, à porter des montres, des bre-loques, des redingotes longues à triples collets.

XIV

— Les modes pendant la révolution. — Bonnets à la Pierrot. — Gilets à la Robespierre. — La carmagnole. — La jeunesse dorée. — Les incoïables. — Les merveilleuses du Directoire. — L'ajustement à la *sauvage*. — Fêtes extraordinaires. — Le chapitre des *modes du jour*. —

Les ajustements tendent à se simplifier depuis le 14 juillet.

Les hommes élégants se contentent d'habits de drap cannelé ou moucheté, avec une doublure disparate; ainsi, quand la surface même est jaune, rouge ou noire, l'autre est bleu de ciel, verte ou blanche. Les boucles de souliers aux *petits pages*, à la *Bastille*, au *tiers état*, se font en argent guilloché. Les souliers à talons ont disparu ; l'épée est supprimée. On décore les chapeaux en pain de sucre d'une cocarde et de faveurs tricolores.

Les dames renoncent aux robes décolletées ou ne les portent qu'avec des mouchoirs. Il ne reste des innombrables bonnets d'autrefois que les bonnets de gaze blanche à la *grande prêtresse,* ceints d'un large ruban ; les bonnets à la *pierrot,* chamarrés de dentelles et réservés aux dames âgées ; les bonnets à la *laitière,* qui se placent sur la partie postérieure de la tête. On voit aussi des coiffes sur le devant desquelles sont brodées en soie verte, au milieu de branches d'olivier, une bêche, une épée et une crosse, insignes des trois ordres.

Les modes se simplifièrent à mesure que la Révolution progressa. La parure fut proscrite comme un signe de royalisme, et Robespierre osa seul la conserver. En 1793, la parure des hommes consistait en tricornes dits *chapeaux* à la *suisse ;* cheveux plats en *chien canard ;* cravate nouée négligemment ; gilets rayés, à revers, dits à *la Robespierre ;* redingotes longues brunes ou vert-bouteille ; culottes de daim collantes; pantalons flottants; bottes à revers jaunes; souliers plats ou sabots.

Des *baigneuses* ornées de la cocarde tricolore, de simples chignons, des robes de toile de Jouy, telle était la toilette des républicaines. Les *sansculottes* se couvrent la tête du bonnet phrygien, ou d'un bonnet de police à longue queue rabattue sur l'oreille. Les démocrates élégants chamarraient cette dernière coiffure de broderies d'or et d'argent.

La *carmagnole*, veste ronde des ouvriers, et qui devait naturellement primer dans un grand mouvement populaire, est un habillement d'une haute antiquité, car on le voit sur le dos d'un mime, dans la précieuse collection de vases peints de sir William Hamilton. Ne croyons pas cependant, sur la foi de Lacretelle, Toulongeon et autres historiens suspects, que le cataclysme révolutionnaire eût englouti le bon goût, l'élégance, la recherche, l'esprit mobile et la futilité des générations antérieures.

A la vérité, les coiffeurs Larseneur et Léonard avaient perdu une partie de leur clientèle; mademoiselle Bertin ne travaillait plus avec Sa Majesté la reine; mais la mode et les modistes n'avaient point renoncé à leurs droits.

Nous trouvons, dans le numéro 58 du *Journal*

de Paris, en date du 19 octobre 1793, une longue annonce de la citoyenne Raspal, ci-devant Teillard, demeurant au Palais ci-devant Royal, galerie de la rue ci-devant Richelieu, *au Pavillon d'or*, n°41. La citoyenne Raspal offre aux dames des robes *pékin velouté et lacté, en raz de soie africain, en chinoises satinées*, et sur sa liste figurent, avec des accolades marginales, les *caracos* à la *Nina*, à la *sultane*, à la *cavalière*, les *robes rondes* à la *persienne*, les *chemises* à la *prêtresse*, les *ceintures* à la *Junon*, à la *renommée*, les *robes* à la *Psyché*, à la *ménagère*, à la *turque, en lévites*, au *lever de Vénus*, l'habillement à la *républicaine*.

« Ce vêtement, dit la réclame, enveloppe entièrement, prend la taille avec une grâce parfaite ; il clôt par devant avec des boutons ; une ceinture à la *romaine* noue sur le côté ; il est d'une tournure délicieuse. »

A l'heure où la citoyenne Raspal formulait son prospectus en style anacréontique, un million d'hommes marchaient aux frontières ; la guerre civile éclatait en Vendée, en Normandie, dans le Midi ; les Girondins allaient périr ; les prisons de Paris renfermaient deux mille neuf cent soixante et quinze détenus, et le tribunal révolutionnaire avait déjà envoyé cent douze condamnés à l'échafaud.

La terreur fut suivie d'une réaction en faveur du luxe. L'or, les diamants, les dentelles rehaussaient de nouveau la beauté des femmes. La *jeunesse dorée* applaudissait avec transport ce couplet du *Concert de la rue Feydeau*, vaudeville des citoyens Chaussier et Martainville, représenté le 1er vendémiaire an III (22 septembre 1794), sur le théâtre des Variétés-Amusantes, au jardin Égalité :

> Naguère, on voyait dans la France
> Un régiment de scélérats,
> Portant pour habit d'ordonnance
> Le pantalon, les cheveux plats.
> Trop longtemps l'affreux vandalisme
> Du luxe a proscrit les bienfaits ·
> Sur les débris du sanglant terrorisme,
> Qu'il renaisse chez les Français (*bis*).

Les vainqueurs du 9 thermidor célébrèrent leur triomphe par un excès de dévergondage. Tous ceux qu'avait comprimés la terreur, les jeunes réfractaires, les ex-nobles, les faux républicains, les agioteurs, les représentants con-

10

cussionnaires, furent saisis d'un fol enivrement.

Ce fut, pendant plusieurs années, une succession de fêtes et de plaisirs. Durant le rigoureux hiver de 1795, alors que le bœuf coûtait un franc vingt-cinq centimes la livre, et l'eau soixante et quinze centimes la voie; alors que le louis d'or valait jusqu'à dix-huit mille francs en assignats, vingt-trois théâtres et *dix-huit cents* bals étaient ouverts tous les jours. Il y avait insuffisance de violons, de grosses caisses et de clarinettes. On dansait dans les salons; on dansait aux barrières; on dansait dans les caveaux du palais Égalité, ci-devant Royal; on dansait dans les monastères, dans les églises abandonnées; une guinguette s'était installée dans l'ancien cimetière de Saint-Sulpice, et, à côté de l'inscription funéraire du portail : *Has ultra metas, beatam spem expectantes requiescunt,* on lisait sur un joli transparent rose : *Grand bal des zéphyrs.*

En mémoire d'un passé sanglant, la *jeunesse dorée* institua les *bals des victimes,* auxquels assistaient ceux-là seulement qui avaient perdu des ascendants ou des fils sur l'échafaud; les collatéraux ne comptaient pas. Les muscadins s'affublèrent du costume à la *victime :* chapeau rond à larges bords, cheveux ras par derrière, cravate colossale, habit décolleté à basques quadrilatérales, gros bâton plombé, bas de soie chinée, souliers évasés, à bec pointu. Les royalistes se distinguaient par des cheveux cadenettés, des collets et des cravates vertes ; ceux qui s'habillaient ainsi s'exposaient à être insultés par le peuple, et même à recevoir des coups de sabre des gardes du Directoire.

L'emploi des besicles fut mis à la mode par ceux qui appréhendaient le service miltaire.

Les *incoïables* ou *inconcevables* affectaient d'éviter toute articulation énergique, à l'instar des derniers marquis. Ils disaient : *Ma paole supême, ma paole victimée, c'est hoïble, en véité!* et : *Sccsa*, pour *Qu'est-ce que c'est que ça?*

Le *Journal de Paris* du samedi 11 juillet 1795 dit en signalant ces faits :

« Il se manifeste dans l'espèce humaine un abâtardissement sensible. Les jeunes infortunés qui en sont atteints évitent les consonnes avec une attention extrême. Leurs lèvres paraissent à peine se mouvoir, et, du frottement léger qu'elles exercent l'une contre l'autre, résulte un bourdonnement confus, qui ne ressemble pas mal au *pzpzpz*, par lequel on appelle un petit chien

de dame. Ce qui n'est pas moins affligeant, c'est
que le même symptôme se manifeste dans les
jeunes personnes, et il est triste de penser que
ce sexe qui fait ordinairement un usage si ai-
mable de la parole soit à la veille de la perdre
entièrement. »

Les roués de la Régence s'étaient divertis
avec des marionnettes de carton ; ceux du Directoire jouaient avec des *émigrants*, disques de bois
cannelés qu'on faisait alternativement monter et
descendre à l'aide d'une ficelle qui s'enroulait
autour du point central.

Comme pour protester contre un gouvernement qui avait mis la pudeur et la modestie à
l'ordre du jour, les *merveilleuses* se montrèrent en public demi-nues. Leurs robes blanches
à l'*athénienne*, en étoffe diaphane, étaient fendues latéralement depuis les hanches. Madame
Tallien, qu'on avait surnommée Notre-Dame
de Thermidor, parut aux bals de Frascati avec
une robe à l'*athénienne*, deux cercles d'or en
guise de jarretières, et des bagues à chaque
doigt de ses pieds nus, posés sur des sandales.

L'ajustement à la *sauvage* consistait en un
justaucorps de cette gaze claire que Pétrone

appelait *ventum textile, nebula linea;* et en un pantalon collant de tricot de soie, couleur de chair.

A la promenade, on portait des robes de linon traînantes, dont on ramenait les plis sur le bras droit :

Des châles sang de bœuf,

Des corsets à l'*humanité;*

Des chapeaux de paille à *lucarne,*

A *cul de panier,*

A la *Paméla;*

Des bonnets à la *justice,*

A la *folle,* etc.

L'*Almanach des muses* de 1797 contient sur ces derniers l'épigramme suivante :

De ces vilains bonnets, maman, quel est le prix ?
— Dix francs. — Le nom ? — Des bonnets à la folle.
— Ah ! c'est bien singulier, interrompit Nicolle :
      Toutes nos dames en ont pris !

La plupart des élégantes se coupèrent les cheveux pour se coiffer à la *sacrifiée,* pour prendre des perruques blondes frisottées à la Bérénice ou *nattées* en *anneau de Saturne.* C'était une manière d'honorer les victimes, dont les cheveux, recueillis par des mains pieuses ou intéressées, avaient servi à la confection des premières perruques.

Les années 1796 et 1797 inaugurèrent avec un prodigieux succès les fêtes *extraordinaires*, aux feux d'artifice, ballons, musiques d'harmonie, illuminations en verres de couleur. Les artificiers Ruggieri et Lavarindère acquirent à la fois de la fortune et de la célébrité. Tivoli, l'Élysée, l'hôtel de Biron (rue de Varennes), Mousseaux, Bagatelle, Beaujon, le Ranelagh, les jardins d'Idalie ou de Marbœuf, attirèrent une multitude empressée. On poussa la passion de la pyrotechnie au point qu'à la fin des grands dîners, suivant le *Journal des dames et des modes* du 20 frimaire an III, une pluie de feu partait à l'improviste du *dormant* central, et s'éparpillait sur les convives.

Une mode de 1797, celle des *collets noirs*, fit couler le sang. On la regardait comme un signe de ralliement adopté par les émigrés, les déserteurs, les *clichiens*, et ceux qui osaient se parer de *collets noirs* s'exposaient à être attaqués par le peuple ou par les soldats de la garde directoriale.

Les modes des dernières années du XVIIIe siècle n'ont été nulle part mieux peintes que dans un

ouvrage, assez médiocre, d'ailleurs, de J.-B. Pu-
jaulx, *Paris à la fin du* xviiie *siècle* (an ix,
1801). Voici dans son entier le chapitre des
modes du jour :

« Saisissons les modes du jour ; elles vont
fuir.

« Lecteur, retenez la date de ce coup d'œil
rapide, et ne m'accusez pas d'inexactitude ; car
la mode aura changé vingt fois entre l'époque où
j'écris et celle où vous lirez ce chapitre.

» J'arrive dans un cercle dont le ton est *ce que
nous avons de mieux aujourd'hui ;* c'est l'expression reçue.

» Suis-je en France, en Grèce, en Angleterre
ou à Constantinople ?

« Je suis en Grèce, sans doute ; oui, je suis dans
un séjour respecté par les peuples qui ont successivement régné dans ce beau pays. Ces meubles, ces lits de repos, ces fauteuils, ces draperies,
ces candélabres, ces autels, ces trépieds, tout
est grec, tout m'annonce que je suis dans la
maison d'une de ces femmes aimables que visi-
taient quelquefois les sages. Que dis-je ! c'est
l'appartement d'Alcibiade ; l'illusion est com-
plète ; et, si le philosophe Anacharsis pouvait
revivre encore à la voix du sage Barthélemy, il

croirait être dans la patrie du goût et des beaux-arts.

» Mais l'illusion cesse en portant mes regards sur ce cercle de femmes aimables, d'aimables jeunes gens, et je répète : Suis-je en France, en Grèce, en Angleterre ou à Constantinople?

» Oh ! je suis en France ; cette femme qui tient un sac brodé, semblable à celui de ma respectable aïeule, cette femme est Française. — Non, je me trompe : ses cheveux courts, hérissés, la trahissent ; et jamais les Françaises, les Grecques, les Romaines, ne se hérissèrent ainsi. Cette coiffure, qui ressemble assez à la robe du porc-épic, semble indiquer quelque sauvage des climats brûlants.

» Mais que vois-je ! une longue chaîne d'or pend à son cou, beaucoup plus blanc que l'albâtre, et supporte un large médaillon, ou plutôt un tableau.

» Oh ! ce n'est pas là une femme sauvage : les Topinambous ou les Morgojos n'ont jamais eu d'aussi bons peintres. Voyons si le costume ne donnera pas quelque indice... Le derrière de son cou, une partie de ses épaules, sa gorge, tout cela est découvert comme au temps où les Médicis vinrent en France ; mais, au lieu de ces amples collerettes qui plaçaient tous ces charmes comme

au fond d'un vaste entonnoir, elle n'a pour vêtement qu'une longue chemise de mousseline qui,
par sa transparence, se teinte de la couleur *rosée*
qu'elle emprunte de ce qu'elle feint de couvrir, et
qui, par la mollesse de son tissu, laisse deviner
les formes qu'elle embrasse de ses plis longs et
pressés ; ce vêtement est celui d'une nymphe ;
mais ce n'est point là une tunique grecque, car
le haut serre une partie de la taille ; une manche
très-courte et froncée, à plis arrêtés, laisse voir
le coude et presque tout le bras. Oui, c'est une
nymphe ; ces cheveux hérissés et dégouttants
d'*huile antique* toute fraîche ; ce vêtement léger,
transparent, et qui ne peut convenir qu'à la
beauté solitaire, tout indique une nymphe sor-
tant du bain.

» Passons à sa voisine. Celle-ci est une odalisque
échappée du harem de quelque Turc très-puis-
sant ; ce turban léger, cette aigrette brillante,
l'indiquent assez. Ah ! je me trompe, et la robe
m'éclaire : ces parties qui recouvrent les bras,
ces espèces de crevés, cette garniture, ces bouffettes, tout cela a quelque chose d'espagnol, et
ressemblerait assez aux robes de cour françaises,
après la suppression de l'étiquette, si la taille ne
commençait pas un peu trop haut. Cherchons
d'autres indices... Ce châle, c'est une parure

orientale ; cette chaussure assujettie par des cordons placés avec grâce autour de la jambe m'indique une Grecque... Je m'y perds ; passons à
une autre.

» Celle-ci est plus bizarre encore. Un bonnet
qui ressemble parfaitement aux coiffes de nuit
de mon grand-père ; un long voile, ou plutôt un
rideau, qui pend jusqu'au-dessous de la ceinture ; une tunique longue, sur laquelle on a placé
un petit *pet-en-l'air* de taffetas puce, nommé
spencer, tout cela compose un ajustement qui
vient de deux ou trois peuples, et appartient à
deux ou trois siècles différents.

» Quelqu'un s'avance ; ces dames vont sortir
sans doute ; ce jocquez vient annoncer que la voiture est là. — Comment donc ! il leur baise la
main ; quelle familiarité!... Ah ! je me trompais :
cette manière décente de se balancer en tenant
l'extrémité de sa main gauche dans le côté du
pont-levis de son pantalon ; sa coiffure dégout-
tante d'huile, son soulier rond et décolleté, le
morceau de bambou recourbé qu'il ronge avec
grâce, cet air inattentif, ce ton impudent, tout
cela m'indique un jeune homme *très-comme il
faut*.

» *Nota.* Je suis bien aise d'observer au lecteur

que ces quatre êtres amphibies franco-turco-an-
glico-grecs sont trois Françaises et un Français
de la fin du xviiie siècle. »

XV

— Le Consulat et l'empire. — Tuniques juives. —
Capotes d'organdi. — Les cachemires. — Ravages
de la titus. — Les élégants de 1803. — Spencers.
— Falbalas. — Carriks. — Modes des cent-
jours. —

Au commencement du Consulat subsistait encore l'usage des robes transparentes, qu'un écrivain compare à l'*onde qui voile les baigneuses*.
En l'an xi (1802), on mettait par-dessus les
robes des *tuniques juives* d'organdi ou de soie,
bleu de ciel, gros bleu, rayé ou couleur de chair.
Les capotes d'organdi, les chapeaux de paille
bordés de *chicorée*, ensevelissaient la tête au

fond de leurs cônes tronqués. Les cachemires, apportés d'Égypte, commençaient à remplacer les fichus de tulle, malgré quelques protestations dont un chansonnier alors à la mode, le chevalier de Piis, se rendit l'organe :

Zémire, Elmire et Thémire,
Vous dont chacun suit les pas,
Vous, l'unique point de mire
Des beaux bals, des grands repas,
En honneur, je vous admire ;
Mais vous ne devriez pas
Dans un vaste cachemire
Ensevelir vos appas.

Si Minerve en ses alarmes
Vous a dit furtivement
De nous voiler certains charmes
Qu'amour met en mouvement,
Pour contenter son scrupule,
Sans attrister votre cour,
Prenez des fichus de tulle,
De gaze et de point à jour.

D'ailleurs, ces shalls si solides,
Que vous portez à l'envi,
A des Arabes perfides
De ceintures ont servi.

Ah! de ces tissus profanes
Comme à mon tour je rirai,
Si le goût des caravanes
Par eux vous est inspiré !

La *titus* avait fait de tels ravages, qu'on ne voyait point dix femmes sur mille qui eussent conservé leurs cheveux ; elles avaient recours aux tours ou *cache-folies*, aux *postiches en tortillons*, et aux perruques à raies de chair, inventées à propos par Tellier, coiffeur, rue ci-devant Richelieu, en face le théâtre de la République.

Les élégants de 1803 se chargeaient de deux, trois et même quatre gilets, et de redingotes d'alpaga *à trente-six collets* ; ils mettaient tantôt des bas de soie, tantôt des guêtres de nankin, ou des bottes à revers jaunes, dites à la *Souvarow*. Ils introduisirent dans les salons la *panne*, étoffe proverbialement connue, jusqu'alors réservée aux chaudronniers et aux porteurs d'eau ; mais ils avaient soin de la doubler de taffetas blanc.

« Il est reçu, dit le *Journal de Paris*, que les petits-maîtres de l'an xii auront le pied long, les bras courts, la tête penchée en avant, ne mettront qu'un gant, porteront des bottes dans le

temps le plus sec, et des bas de soie blancs par
la crotte, par la pluie. Il est reçu qu'un jeune
homme ne se présentera plus nulle part sans
avoir une main dans la poche de sa culotte, sans
relever la touffe de ses cheveux qui lui tombe
sur le front. Il est reçu que les bas ne seront
point tirés, que le gilet sera mal boutonné, que
le bout du mouchoir sortira de la poche, que le
costume noir sera le plus gai, que le chapeau
aura un plumet noir, que la chemise sera de
percale, qu'on portera un jabot, que les hommes
ne doivent plus prendre de tabac; mais tout
petit-maître peut fumer et boire de l'eau-de-
vie. »

« Les jabots, dit l'auteur de l'*Improvisateur
français* (1805), avaient disparu à la naissance
du sans-culottisme; ils reparaissent aujourd'hui,
ainsi que les manchettes à dentelles, la bourse
à cheveux et l'épée au côté. »

Le gouvernement consulaire et impérial, bien
plus que celui de Louis XVIII, méritait le nom
de *Restauration*. Les Bourbons n'ont restauré
qu'eux-mêmes; Napoléon rétablit l'hérédité du
trône, les culottes courtes, la noblesse, les jabots,
les fiefs, les collets montés, les majorats, les

toques de velours, le clergé et les chapeaux à la Henri IV.

Son règne fut, d'ailleurs, celui du mauvais goût. Rien de plus attristant que de feuilleter le *Journal des Modes* de 1814 à 1815 : des hommes en *spencer* par-dessus l'habit, des femmes en redingote de drap, de mérinos ou de velours; des tailles déplorablement courtes; des robes montantes et *ultra*-décolletées ; des robes sans plis avec plusieurs étages de volants ou de *falbalas ;* des chevelures factices, mêlées de torsades; des *toquets* de tulle brodé, ou des chapeaux à la *polonaise,* dont la partie supérieure formait un carré; des colliers de corail ; des turbans de mousseline claire, brochée d'or ; des *carricks ;* des pantalons semi-culottes; des châles dont les palmes se composaient d'une combinaison de figures géométriques.

Ce fut à cette époque que l'on adopta définitivement l'usage des fleurs artificielles. Un nommé Séguin, du Mans, en avait fabriqué dès l'année 1758 ; mais elles ne furent perfectionnées qu'en l'an x (1802), par Venzel, qui obtint une récompense nationale à l'exposition des produits de l'industrie.

Pendant les Cent-Jours, la violette était à la mode. Les *grognards* avaient donné le nom de *père la Violette* à Napoléon, dont ils attendaient le retour au printemps de 1815. Il parut, le 30 mai, une gravure représentant un bouquet de violettes dont les contours retraçaient les traits de l'empereur.

« Depuis le 20 mars, dit le *Nain jaune* dans son numéro du 5 avril, les femmes ne paraissent plus à la promenade sans avoir à leur corsage un gros bouquet de violettes, dont la couleur foncée donne un nouvel éclat aux roses de leur teint. Quelques modistes ont ingénieusement marié, sur de jolis bonnets du matin, la violette et l'immortelle. Les joailliers se sont hâtés aussi de donner à leurs bijoux la forme de la fleur à la mode. »

XVI

— Modes de la Restauration et du règne de Louis-
Philippe. —

La présence des alliés à Paris nous amena les
modes étrangères, les habits anglais couleur *tête
de nègre,* à taille courte et à longues basques,
les longs gilets à la *cosaque,* les pantalons *polo-
nais,* à grands ponts, les *bottines* turques en
peau jaune, les bottes à *la* **Wellington.** Pour
mériter le titre de *fashionable,* il fallait y ajouter,
en 1818, une cravate soutenue par des baleines,
un chapeau de paille noir, des gants blancs, une
rose à la boutonnière, et avoir les cheveux par-

fumés d'huile *philocome* ou d'huile de *Macassar.*

Les femmes, par une fâcheuse anglomanie, plaçaient le matin, sur leurs chapeaux de paille, des carrés de gaze verte en guise de voile; elles portaient des spencers, de lourds manteaux d'homme à deux collets, en casimir vert.

Pendant que les vieux *voltigeurs* de Louis XVIII, les partisans de l'ancien régime tentaient la résurrection des ailes de pigeon et des culottes courtes; pendant que la foule copiait nos amis les ennemis, les jeunes gens, les commis marchands, qualifiés vulgairement de *calicots*, affectaient, par esprit d'opposition, de porter de larges pantalons de percale, des moustaches, des éperons.

Les modes se compliquaient des souvenirs de la vieille monarchie, du *caput mortuum* de l'Empire, des importations exotiques, et de l'hostilité qui se manifestait contre les tendances politiques du pouvoir. Ce mouvement est assez bien rendu dans les notes d'un poëme en quatre chants, la *Violette,* ou le *Conservateur déchiré,* par J.-B. Gousset (Paris, Ladvocat, 1819, in-12).

«Les badauds riaient à cœur joie, dit cet écrivain, lors de la première arrivée des alliés, en voyant aux uns un estomac de Polichinelle, aux autres une taille aussi mince que s'ils se fussent fait serrer avec un cabestan, ici une longue et large culotte de mousse, là des chaussures aussi élégamment ferrées que le sabot d'un cheval de fiacre.

« Contemplez un élégant du jour, tous ces extrêmes sont réunis en lui : vous le verrez Prussien par l'estomac, Russe par la ceinture, Anglais par les basques et par le collet de son habit, Cosaque ou sauvage par le sac qui lui sert de longue culotte et par sa ferrure. Joignez à cela les chapeaux à la Bolivar, voire les éperons et les moustaches des calicots ; voilà le plus singulier Arlequin qui se puisse rencontrer sur toute la surface du globe.

« Et c'est l'habitant d'un pays qui a conquis sa liberté !

» Le chapeau à la Bolivar, au surplus, perd déjà de sa faveur, et se remplace, dit-on, par le chapeau à la *Manuel*, nouveau trait fort judicieux, qui fera connaître que cet éloquent député, ce défenseur ardent de nos institutions libérales, est surtout célèbre aux yeux de sa nation par la forme de son chapeau.

» Les antilibéraux ne sont pas plus sages. Ils ont le chapeau à la *Morillo* ; celui-ci, dont les bords sont également plats et très-larges sur le devant et sur le derrière, les a recourbés et très-serrés sur les côtés. »

L'influence russe avait créé les *montagnes,* qui ajoutèrent à la vogue des jardins publics. Les montagnes de Beaujon, les *montagnes françaises* de Belleville (barrière des Trois-Couronnes); les montagnes de Tivoli ; les montagnes suisses de la Grande-Chaumière ; les montagnes russes (barrière du Roule, 48); le *Saut du Niagara* du jardin Ruggieri (rue Saint-Lazare, 2) ; les montagnes lilliputiennes du jardin des Princes, (boulevard du Temple), firent, pendant dix ans, les délices de Paris. Tout le monde aspirait au dimanche.

On fit, en 1819, plusieurs vaudevilles sur les montagnes : la *Folie-Beaujon,* par Désaugiers, jouée au Vaudeville, le 11 juin ; les *Montagnes françaises,* à-propos en un acte, représenté sur le théâtre de l'Ambigu, le 10 juillet ; le *Combat des Montagnes,* ou la *Folie-Beaujon,* par MM. Scribe et Dupin, pièce jouée aux Variétés, le 12 juillet. Ce dernier ouvrage provoqua un conflit de sifflets et de bravos : les *calicots,* qu'on y ridiculisait, en troublèrent les représentations, et l'on entendait à peine, au

milieu du tumulte, ce conseil adressé aux porteurs d'éperons :

> Contentez-vous, heureux vainqueurs,
> De déchirer de tendres cœurs,
> Mais ne déchirez pas les robes.

Les montagnes n'étaient pas alors l'unique
divertissement à la mode. Au bilboquet, aux
pantins, aux *émigrants* avaient succédé les
casse-tête chinois et le *kaléidoscope*, avec ses
variétés : le *polyoscope*, l'*aphanéidoscope* et le
métamorphosiscope. Grands et petits enfants
consacraient leurs soirées à bâtir des édifices
avec les figures des casse-tête; on publia,
en 1818, sur les *difficultés chinoises*, deux
volumes contenant six cent quatre-vingt-sept
combinaisons. Le *kaléidoscope* n'avait pas moins
d'amateurs; des spéculateurs avaient établi, sur
le pont Neuf et dans la cour des Fontaines, des
kaléidoscopes monstres, où, moyennant cinq
centimes, les badauds venaient, à tour de rôle,
appliquer leurs yeux avides.

La Restauration se débarrassa insensiblement
des bouillons et des garnitures massives; elle
substitua le canezou au spencer, mit à l'index
les carricks, et prodigua les fleurs artificielles,

tant sur les chapeaux que dans les cheveux. Elle
eut le malheur d'inventer les manches à *gigot*, à
béret, à la *folle*, à l'*imbécile*, à l'*éléphant*. Elle
déploya une imagination féconde et une capricieuse inconstance dans la qualification des arti-
cles de toilette.

On a vu, de 1822 à 1830 :

La couleur *Ipsiboé*,

Le crêpe *Ipsiboé*,

La coiffure et les turbans à l'*Ipsiboé*,

Les rubans *Trocadéro* ;

Les couleurs *bronze, fumée, ventre de biche,
puce en couches, eau du Nil, solitaire, roseau,
graine de réséda, crapaud amoureux, souris
effrayée, araignée méditant un crime* ;

Le bleu *Élodie*,

Les carreaux écossais à la *Dame blanche*,

Les modes à la *Lampe merveilleuse*, à l'*Emma*,
à la *Marie-Stuart*, à la *clochette*, à la *girafe*,
au dernier soupir de Jocko.

En 1847, on chantait dans les rues :

> On vient d'quitter subito
> Mod's français's et mod's anglaises,
> Et, jusqu'aux marchands d' coco,
> Tout s'habille à la Jocko.

Sous le règne de Charles X, les chapeaux de

femme avaient de larges bords évasés ; ils étaient
surmontés de plumes, de rubans. On raffolait des
turbans à la *sultane,* des bérets, des bonnets de
blonde de Chantilly. Les élégantes avaient autour
du cou un *sentiment* ou *collier-carcan* de velours ; et, pendant l'hiver, des boas de fourrures
ou de *plumes frisées.* Elles relevaient sur le
sommet de la tête leurs cheveux en nattes, en
coques hautes et arrondies, en y mêlant des
esprits, des rubans, des morceaux d'étoffe de
Perse.

Les jupes ne descendaient pas à la cheville ;
on les garnissait de gaze, de blonde, de nœuds,
de bandes de velours, de torsades de satin,
de franges en plumes, d'ornements plaqués
sur étoffe unie. Les redingotes ouvertes, à la
Léontine, laissaient voir de blanches chemi-
settes ou des jabots de Malines. Les *dandys*
avaient des redingotes à châle de velours, à
boutons d'or, des chapeaux hauts et coniques,
des pantalons échancrés sur le cou-de-pied,
des sous-pieds à boutons de métal, des bottes
pointues et des cravates de satin noir. Les cols
à *nœud figuré* furent inventés au mois de janvier 1830.

Sous le règne de Louis-Philippe, les mons-
trueux chapeaux de dames furent remplacés par

les *bibis* microscopiques. Les bonnets habillés prirent des formes et des noms divers :

A la paysanne,

A la duègne,

A la Charlotte Corday,

A la religieuse,

A la jolie femme,

A l'Élisabeth,

A la châtelaine,

A la Marie-Antoinette,

A la polka.

Les danseuses inaugurèrent, dans les bals, les résilles à la napolitaine ;

Les pompons *steeple-chase*, placés au-dessous des oreilles ;

Les toques arméniennes à *pentes ;*

Les demi-bonnets à la *catalane ;*

Les coiffures frangées à l'*algérienne ;*

Les turbans blanc et or à la *juive*, avec une bride à la *Rachel.*

La fabrication des fleurs artificielles fit d'immenses progrès, et les roses, géraniums, camellias, dahlias, fuchsias, chrysanthèmes, germandrées, nymphéas prédominèrent tour à tour dans les garnitures.

On vit paraître les manteaux de satin noir *plein la main,* doublés de mauve ou de violet ;

mais on leur préférait les *burnous*, les *camails*, les crispins de velours vert à bordure de cygne, ou de velours cramoisi à garniture d'hermine.

Aux larges manches qu'on appelait *gigots*, manches à *béret*, à l'*imbécile*, à l'*éléphant*, succédèrent les manches à la *vénitienne*, à la *Louis XIII*, à la *religieuse*, à la *dame Marie*, à la *turque*, à la *bédouine*, à la *persane*, à la *jardinière*, à la *Gabrielle*, à la *Fontange*, à la *la Vallière*, à la *Sévigné*, à la *Dubarry*. On renouvela des règnes précédents les *petits bords Henri II à plume tourmentée*, les cols et guimpes à la *Médicis*, les mantelets à la *vieille* ou à la *paysanne*.

C'est encore du règne de Louis-Philippe que datent :

Les robes *Taglioni* à quatre jupes,

Les *berthes*,

Les *célimènes* de blonde ;

Les corsages à la *Pompadour*,

Lacés à la *Niobé*,

Froncés à la *Vierge*,

A *mille plis*,

A la *grecque*,

A *pointe*,

A *busc*,

A *agrafes*,

A lacets lâches,

A parfait contentement ;

Les étoffes *échelle orientale,*

Droguet catalan,

Pékin en camaïeu,

Lampas burgrave,

Étoile polaire,

Caméléon fleuri ;

Les amazones de *casimirienne* à boutons d'or,

A manches amadis ;

Les *palmyriennes* brochées d'or sur fond blanc ;

Le velours bleu de *Benvenuto-Cellini,*

Les satins *Médicis* et *Louis XV,*

Le tulle *illusion,*

Le crêpe *Rachel,*

Le pétrin *Fleurette,*

La soierie *caméline,*

Le tissu *fil de la Vierge,*

La gaze *polka,*

Les mouchoirs à la *duchesse* et *Fleur-de-Marie,* etc.

La toilette des hommes devint généralement moins *habillée* sous la monarchie bourgeoise. Les cols à nœud figuré, les grosses redingotes à la *propriétaire,* les paletots, les *tweeds,* les pantalons à carreaux ont un sans-façon que nos pères ne connaissaient point. Le col de satin noir l'emporta sur la cravate blanche, même dans les grandes soirées. Le pantalon s'impatronisa jusqu'à la cour, au détriment de la culotte courte et des bas de soie; la botte foula sans vergogne des tapis qui n'avaient été jadis en contact qu'avec l'escarpin.

XVII

La République n'eut pas le temps d'innover en matière de toilette. Quelques jeunes gens essayèrent de remettre en faveur le gilet à revers, auquel Robespierre a laissé son nom, quoique ce fût aussi le gilet de Brissot et de Danton.

L'Empire tenta, à son début, de ramener les tailles courtes; mais les dames eurent le bon goût de les repousser.

En revanche, elles eurent le mauvais goût de reprendre, sous la dénomination de *crinolines*, les paniers et les vertugadins.

Il y eut d'abord une modeste étoffe de crin, dont M. Oudinot avait obtenu le privilége exclusif, et que le *Petit Courrier des Dames*, du 30 juin 1850, vantait comme imperméable, souple, légère, indispensable pour l'été. Elle fut employée en jupes, en *tournures*, avec discrétion ; puis elle étendit ses conquêtes et se consolida avec des cercles de baleine, avec des ressorts inoxydables.

Les gens sensés, trop longtemps sans défiance, protestèrent contre cette troisième édition du vertugadin ; les vaudevillistes la chansonnèrent ; Cham et Daumier la crayonnèrent ; quelques médecins cherchèrent à en détourner les dames en avançant que les jupes ballonnées, empesées, laissaient au centre de leur vaste circonférence les jambes exposées nues aux courants d'air.

Il circula une multitude d'histoires défavorables à la mode nouvelle : madame X*** n'avait pu entrer dans sa loge à l'Opéra ; mademoiselle Z*** avait été forcée, par les dimensions de sa crinoline, de renoncer à monter dans une voiture de louage ; au marché aux fleurs, un imprudent moineau s'était fourvoyé sous la cloche d'une crinoline, où il était resté prisonnier. En dépit de tous les quolibets, les *toilettes tapageuses* se sont maintenues, renforcées par des robes à cinq ou six volants. Ces volants sont, d'ordinaire, à *dispositions*, c'est-à-dire qu'ils offrent sur la jupe unie des dessins variés et des nuances différentes.

L'orléans en poil de Chine, la popeline, la grenadine, étoffe claire de laine et de soie, le lampas, le droguet de soie et de laine, sont des étoffes dont l'usage s'est récemment propagé.

En 1856 et 1857, les corsages montants à basques sont devenus les basquines, qu'enjolivent des galons, des effilés, des ornements de passementerie.

On a voulu compléter ce que ce costume avait de masculin, par l'adoption des chapeaux ronds, en paille blanche, en paille marron, en velours, en feutre, en peluche ; on en garnit le bord d'une dentelle noire qui cache la partie supérieure du visage ; mais ce genre de chapeaux semble devoir être exclusivement réservé aux jeunes filles.

A part les *cols mousquetaires*, les manches *duchesse*, les coiffures à *l'impératrice*, nous ne

12

connaissons point de mode générale qui ait été,
comme jadis, baptisée par un événement un succès littéraires, etc. La qualification de *malakoff*,
donnée aux *crinolines*, a été répandue comme
une épigramme par les parties intéressées. Il n'est
resté, en souvenir de la guerre de Crimée, que
le *raglan*, pardessus plus commode et plus
élégant que le paletot. Des œuvres dramatiques
ont eu cent représentations sans laisser, comme
leurs devancières, une trace dans l'histoire des
modes.

Comment attendre ces engouements passa-
gers d'un peuple apathique, occupé d'affaires
et d'intérêts matériels? Si, à l'exemple de nos
aïeux, nous empruntions aux circonstances du
jour des noms pour nos ajustements, nous n'au-
rions que des robes au *report*, des chapeaux au
crédit mobilier, des corsages à la *prime*, des
rubans aux *chemins de fer romains*, des *poufs* à
la spéculation !

La mode est, au reste, diversifiée à l'infini par
les caprices individuels. Tout Français jouit du
droit de la dénaturer, de la modifier; chacun
choisit, à sa guise, dans l'immense arsenal des
parures, en combine les éléments constitutifs, et
se crée une toilette *sui generis*.

Heureuse fantaisie, qui répand l'aisance dans

une classe nombreuse d'ouvriers, et rend les deux mondes tributaires de nos tailleurs, de nos couturières et de nos modistes !

FIN.

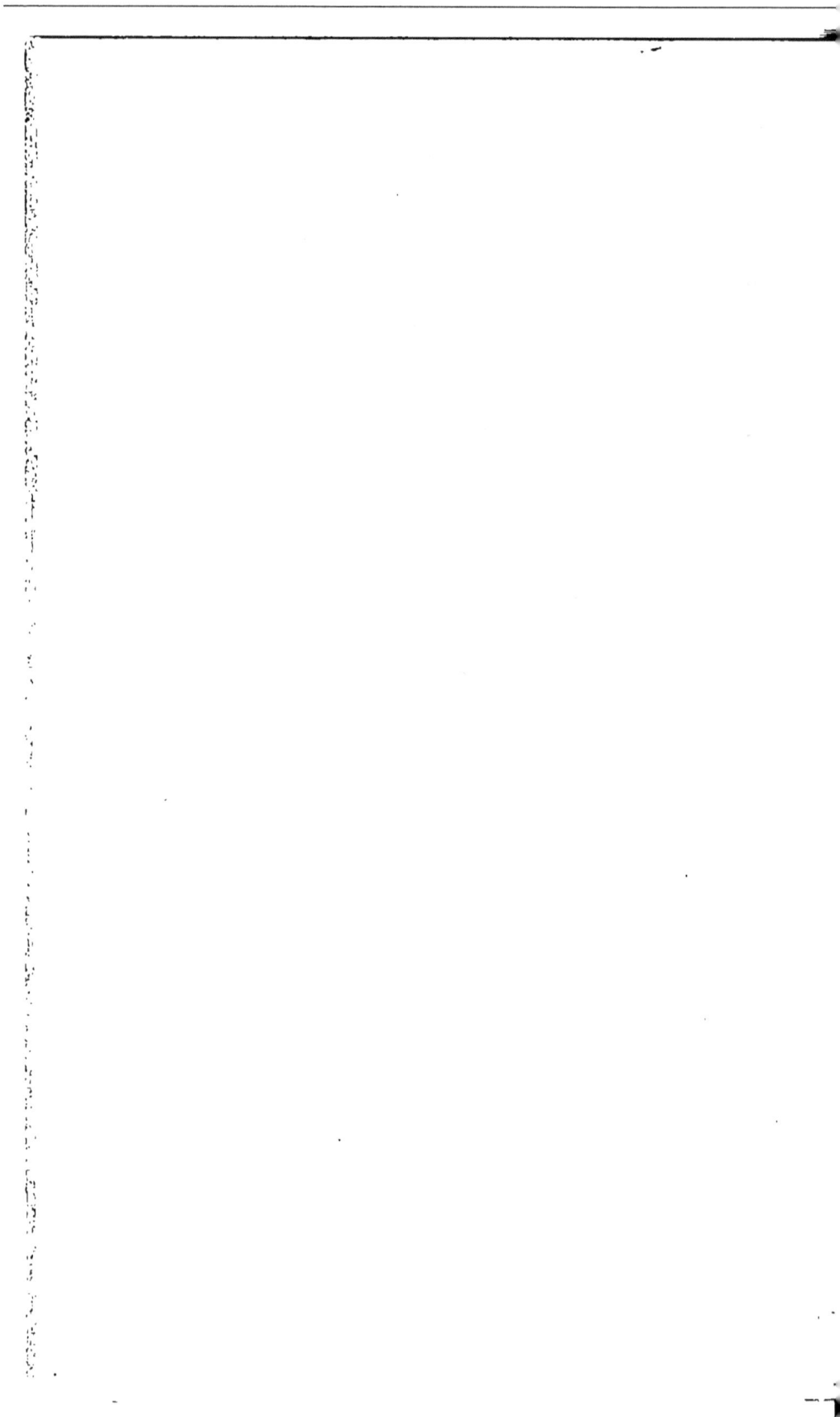

TABLE DES CHAPITRES.

FIN DE LA TABLE.

www.ingramcontent.com/pod-product-compliance
Lightning Source LLC
Chambersburg PA
CBHW072000090426
42740CB00011B/2025

*9 7 8 2 0 1 9 6 2 1 6 9 8 *